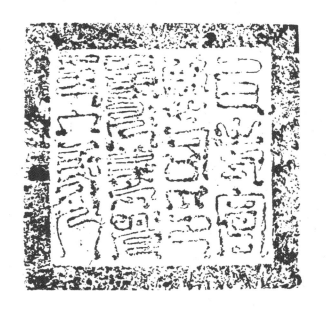

瓦寺宣慰司印

采自《说文月刊》，1940年第二卷，第六、七期。

·阿坝州社科丛书·

末代瓦寺土司口述影像史

索国光　　　　　口述

阿根　红音　记录整理

西南交通大学出版社

图书在版编目（CIP）数据

末代瓦寺土司口述影像史 / 索国光口述；阿根，红
音记录整理. —成都：西南交通大学出版社，2019.4
ISBN 978-7-5643-6804-3

Ⅰ. ①末… Ⅱ. ①索… ②阿… ③红… Ⅲ. ①索国光
－回记录 Ⅳ. ①K827=7

中国版本图书馆 CIP 数据核字（2019）第 056391 号

Modai Wasi Tusi Koushu Yingxiangshi

末代瓦寺土司口述影像史

索国光　口述

阿根　红音　记录整理

出 版 人	阳　晓
责 任 编 辑	杨岳峰
封 面 设 计	成都华林美术设计有限公司
	西南交通大学出版社
出 版 发 行	（四川省成都市二环路北一段 111 号
	西南交通大学创新大厦 21 楼）
发 行 部 电 话	028-87600564　028-87600533
邮 政 编 码	610031
网 址	http://www.xnjdcbs.com
印 刷	成都市金雅迪彩色印刷有限公司
成 品 尺 寸	170 mm×240 mm
印 张	8.75
字 数	110 千
版 次	2019 年 4 月第 1 版
印 次	2019 年 4 月第 1 次
书 号	ISBN 978-7-5643-6804-3
定 价	48.00 元

阿坝州社会科学事业专项资金
资助项目出版说明

阿坝州社会科学事业专项资金资助项目旨在鼓励广大社科研究者潜心治学，扶持基础研究的优秀成果。它们是经过严格评审，从业已完成的科研成果中遴选确定的。为扩大社科资金资助项目的影响，更好地推动学术发展，促进成果转化，州社科联按照"统一标识、统一版式、符合主题、封面各异"的总体要求，组织出版阿坝州社科资金资助项目。

阿坝州社会科学界联合会

以非虚构态度去感知历史的体温（代序）

蒋 蓝

中国作家协会散文委员会委员

四川省作家协会散文委员会主任

著名文学评论家李敬泽历来倡导，非虚构应该成为当下作家的精神向度与立场，因为"历史在细节中暗自运行"。"那些发生于前台，被历史剧的灯光照亮的事件和人物其实并不重要，在百年、千年的时间尺度上，真正重要的是浩大人群在黑暗中无意识的涌动，是无数无名个人的平凡生活：他们的衣食住行，他们的信念、智慧、勇气和灵感，当然还有贪婪和愚蠢。历史的面貌、历史的秘密就在这些最微小的基因中被编定，引人注目的人与事，不过是水上浮沫。"（《历史在细节中暗自运行》，《人民日报》2017年2月14日第24版）以此观照阿根、红音记录整理的《末代瓦寺土司口述影像史》中索国光先生的性格、心性的嬗变，以及书中他所经历的人与事，白云苍狗，沧海桑田，无不对应着这样一种历史观：也许普通人与宏大叙事的确没有多少关系，但一个人的经历，他的浮沉遭际，他的恩爱情仇，均是历史加诸一个人的轻与重；反过来说，一个人的经历与细节，恰恰又构成了人们去感知一段历史的路标与体温。

作为最后一代瓦寺土司，索国光先生的晚年口述史是嘉绒土司当中少见的口述史，弥足珍贵，也可以看到阿根、红音抢救历史、留住和打捞真相的情怀。本书的主要意义有三点：其一是权力关系，勾勒了民国时期嘉绒藏族瓦寺土司与地方官吏、中央政权的关系。其二是地缘关系，展示了汶川瓦寺土司与四川汉区互嵌、共生的历史。其三是索国光的个人生活史，他以个人遭际构成的踪迹史反映不同时代、不同风波加诸一己的变异，让人们清楚看到了历史大变迁下的点点滴滴。这一部分也是让人们十分关心的焦点所在。

在我看来，一个人的口述无法、也不可能绝对复原历史真相。也许，一直就不存在权威发布的真相。但亲历者只能以自己的耳闻目睹来反馈对那段历史的体认，在此意义上讲，非虚构个人历史的真实记录都是有价值的。无疑，它为人们提供的个人化视野恰恰形成了多元、多向度去理解历史的镜像。

我注意到本书的结构，也看到了两位记录者的良苦用心。他们不但采用了数位进入汶川地区考察的西方探险家、植物学家、地理学家以及中国民族学者的相关文字描述，极大地丰富、证实了索国光先生口述的真实性，而且他们还使用了西方人在那个时代拍摄的精美影像，弥补了文字叙述难以企及、难以抵达的时间与空间，让人们清楚地看到了汶川以及涂禹山一线的乡土风貌与建筑遗构。红音博士采用"同机位"的构图法所拍摄的涂禹山等照片，与亨利·威尔逊于1910年拍摄的涂禹山两相对比，不但可以反映出两者的不同心性，而且暗示了中国西部一百年历史里的山河巨变。这些图像的对比，清楚表明汶川一线的生态与景致，不是退化了，而是得到了保护与发展。

我在《豹典》《蜀地笔记》《成都笔记》等书里，曾提及"辫子坟""涂禹山"以及"跑鬼"等场景，现在在索国光先生的口述里也找到了具体细节与描述，让人感念。

文字叙事与图像叙事都是历史叙事的工具或手段，但在和文字的长期共存与竞争中，图像总是处于被贬抑的地位。在中西文化史上，文本都占领着叙事作品的绝大部分领地，成为叙事传统中的大主流。我以为，阿根、红音记录整理的《末代瓦寺土司口述影像史》悄然摆脱了这一历史宿命，为人们呈现出了一部可以感知历史体温、历史脉络、历史呼吸的厚重之作——尽管这本书并不厚。

2018年10月9日于成都

序 言

嘉绒藏族是藏族的一支，主要生活在今天的四川省西北部阿坝藏族羌族自治州西南部、东南部和甘孜藏族自治州东部。嘉绒藏族聚居区传统上属于藏区四大谷地（རོང་ཆེན་བཞི）[1]之一。"嘉绒"一词是藏文"རྒྱལ་རོང"的音译，"རྒྱལ་རོང"是藏文"རྒྱལ་མོ་ཚ་བ་རོང"（嘉莫察瓦绒）的缩写，其中"嘉莫"是"斯贝嘉莫"的缩写，"斯贝嘉莫"被认为是保护神。"察瓦"是炎热的意思，"绒"是峡谷。因此，"嘉绒"意为"斯贝嘉莫护佑的炎热峡谷"。

瓦寺土司是历史上嘉绒藏族土司之一。"瓦寺"一词的藏文写作"མབོ་བྱིང"。

中央王朝自元、明起开始封授有关少数民族首领以宣慰使、宣抚使、安抚使、招讨使，土知府、土知州、土知县等官职，皆世袭，给符印，并逐渐确立了承袭、等级、考核、朝贡、贡赋、征发等制度。土司在辖内依然保持有传统的权力。[2]土司与中央王朝的关系较为密切，统治机构也较之原羁縻州更完备，并且直隶中央王朝管束。嘉绒藏区在元代之前有地方首领，藏语称为杰布"རྒྱལ་པོ"，意为王或首领，自元代中央王朝分封土司以来，藏语仍然用杰布称呼土司，嘉绒地区的土司制度终结于中华人民共和国建立初期。历史上有"རྒྱལ་རོང་རྒྱལ་ཁག་བཅོ་བརྒྱད"

---

[1] 藏区四大谷地分别是：东方嘉木绒（རྒྱལ་མོ་རོང）、南方查瓦绒（ཚ་བ་རོང）、西方工布绒（ཀོང་པོ་རོང）、北方阿达绒（ཨ་སྐྱག་རོང）。参见毛尔盖·桑木旦：《藏族史·齐乐明镜》，民族出版社，2010年版，译文第139页。

[2] 参见高文德主编：《中国少数民族史大辞典》，吉林教育出版社，1995年版，第69页。

之说，可翻译为"嘉绒十八邦"，由此，汉语中对应出现"嘉绒十八土司"的说法。专家学者们对嘉绒十八土司有各自不同的解读。民族学家马长寿先生认为："以余所考，下说较确：一曰明正司，在今康定。二曰冷边司，在今泸定县东北冷迹等十八砦。三曰沈边司，在今泸定县。四曰鱼通司，在泸定瓦斯沟。五曰穆坪司，在今宝兴县。六曰革什咱司，在今丹巴县西。七曰巴旺司，在今丹巴县北。八曰巴底司，同上，在巴旺司北。九曰绰斯甲，原属于靖化县，今划归西康。在巴底司北。十曰大金司，或促浸，在靖化县。十一曰小金司，或儹拉，在懋功县。十二曰沃日，或鄂什克司，在懋功县东北。十三曰党坝司，在靖化县北。十四曰松岗司，在理番县西北，党坝司东。十五曰卓克基司，同上，松岗司东。十六曰梭磨司，同上，卓克基司东。十七曰杂谷司，在理番县杂谷脑一带。十八曰瓦寺司，在汶川县涂禹山、草坡等地。"[1]
笔者认为，对于嘉绒藏族而言，"十八"是个非常吉祥和圆满的数字，具有众多的含义。历史上的嘉绒藏族土司并不能以十八来固化，嘉绒藏族土司的来源各不相同，有的源自地方首领即杰布（རྒྱལ་པོ），是由中央王朝对部落首领进行册封而来，也有土司的兄弟土舍等因为参与战争，立下战功，而由皇帝分封为土司。有时嘉绒地区的土司不足十八，有时超过十八这个数字。有的土司一分为二，有的土司被灭，但其辖区又分出其他土司，有的土司被其他土司兼并，例如《理番厅志》记载："八稜碉长官司，其先居于丹者孟沟地，为杂谷所并。"[2]所有的土司在藏语中都可以称为杰布"རྒྱལ་པོ"，但不是所有的杰布"རྒྱལ་པོ"都能称为土司，只有被中央王朝封授的杰布"རྒྱལ་པོ"才能称为土司，因此"རྒྱལ་རོང་རྒྱལ་ཁག་བཅོ་བརྒྱད"应翻译为"嘉绒十八邦"，而不应翻译为"嘉绒十八土司"。关于嘉绒十八邦"རྒྱལ་རོང་རྒྱལ་ཁག་བཅོ་བརྒྱད" 之说

---

[1] 马长寿：《马长寿民族学论集》，人民出版社，2003年版，第124页。

[2] 同治《理番厅志》卷四，边防志七。

的来源，一是传统说法的延续，二是为了说明数量众多。笔者分析应当源自古老的象雄时代，可以追溯到象雄时代的十八小邦。根据藏文文献记载，象雄王尺乌围色吉夏日坚是苯教祖师辛饶弥沃的施主，"在其属下又先后产生了十八位可以称为'夏日坚'（ བྱ་རུ་ཅན ）的象雄小邦之王"[1]。

到民国年间，川西北今阿坝藏族羌族自治州境内剩余七个嘉绒藏族土司，即梭磨（ སོ་མང ）、卓克基（ མཆོག་ཙེ ）、松岗（ ཟུང་འགག ）、党坝（ དམ་པ ）、绰斯甲（ ཁྲོ་སྐྱབས ）、沃日（ དབང་ཞིང ）、瓦寺（ མདོ་སྨིང ）。瓦寺土司便是经中央王朝认定的嘉绒藏族土司之一。公元15世纪，雍中罗洛思应中央王朝的调遣来到今汶川县境内，成为第一世瓦寺土司。[2]瓦寺土司从明朝英宗正统六年（1441年）到1949年中华人民共和国成立，历时508年，历经二十五世土司。末代土司索国光（索朗旺吉 བསོད་ནམས་དབང་རྒྱལ ）于20世纪40年代成为第二十五世瓦寺土司[3]，随着中华人民共和国的成立和民主改革的实施，索国光先生于20世纪50年代结束土司生涯成为一名国家干部，于2014年病故于都江堰。

阿根　红音

2018年8月

---

[1] 阿坝州政协文史和学习委员会：《阿坝州文史第二十六辑》（金川史料专辑），
　　（上），2009年编印，藏文第9页、汉文第67页。

[2] 参见祝世德：《世代忠贞之瓦寺土司》，1945年印。

[3] 参见祝世德：《世代忠贞之瓦寺土司》，1945年印。

目 录

第一章　瓦寺土司的来源

瓦寺土司官寨入口处的琼鸟（西德尼·戴维·甘博摄于1917年，原照存于美国杜克大学）

一、祖源记忆

我叫索国光，藏名叫索朗旺吉，1932年8月出生于成都。我出生在瓦寺土司家族。父亲索观沄是第二十四代瓦寺土司，他于1940年去世，同年我继承瓦寺土司位，成为第二十五代瓦寺土司。当时我只有八岁，因为年幼，由我的母亲索赵士雅代行土司职。

　　一日，代行瓦寺土司职务索赵士雅，手其家刻之《功勋纪略》，谒余请为之增饰订补曰："瓦寺至今，亦既二十五世矣，而是册仅及二十一世，愿请巨笔，为简策光。"[1]

瓦寺土司始祖来自今雅安市宝兴县境内的穆坪土司，穆坪土司在明代的全称是董卜韩胡宣慰司，又称为木坪土司，是中央王朝在原地方首领的基础上封赐的土司职，于明永乐十三年（1415年）受封。穆坪土司一直延续到了民国年间，1929年改土归流。

根据《世代忠贞之瓦寺土司》记载，明朝英宗正统六年（1441年），茂、威、汶等处"生番跳梁"，朝廷命琼布思六本桑朗纳思霸统兵平定，琼布思六本桑朗纳思霸因年老多病，唯恐不能胜任，便派其兄弟雍中罗洛思统兵征讨。雍中罗洛思率领43名头目、3150余名士兵用

---

[1] 参见祝世德：《世代忠贞之瓦寺土司》序，1945年印。

穆（木）坪土司坚木参那木喀
（紫光阁绘功臣图）

了一个多月从穆坪到达今汶川县境内，经过半年多征战，顺利征服。雍中罗洛思因为取得战功，奉诏留驻涂禹山，朝廷令其开耕住牧板桥、碉头、克约（纳）、六荡（落汤或罗滩）、大坪、小坪等处山林。雍中罗洛思获赐宣慰使司银印，敕书、诰命各一。

明朝正统末年（1449年），雍中罗洛思及家族兵属均由宝兴首先迁往卧龙。卧龙的藏语地名叫"龙古"（ལུང་དགུ），龙古是"九条沟"的意思，因此瓦寺土司在嘉绒藏区又称为"龙古杰布"（ལུང་དགུ་རྒྱལ་པོ）。瓦寺土司后来迁至三江，再由三江迁至涂禹山，这便是瓦寺土司的来历，雍中罗洛思由此成为第一世瓦寺土司。由于历代瓦寺土司精忠报国，通过努力，"有功必赏，赏赐必厚"，历史上瓦寺土司之官衔得到不断提升。清初，顺治九年（1652年），十五世土司曲翊伸上缴明代所授宣慰使司印信号纸，顺治十五年（1658年），清廷改授安抚使司安抚使，是年十月，颁给加渴瓦寺安抚使司安抚使印信；乾隆元年（1736年）授宣慰使司职衔；乾隆九年（1744年）赏加指挥使衔；乾隆四十五年（1780年）赏给二品顶戴；嘉庆七年（1802年）升宣慰司实职。

雍中罗洛思以及随他而来的百姓是嘉绒藏族。嘉绒藏族传说祖先来自象雄琼布。"琼"（ཁྱུང）意为琼鸟，嘉绒藏区至今保留着琼鸟卵生的神话传说，为了记住这个传说，人们曾经在瓦寺土司涂禹山官寨大门

瓦寺村寨（西德尼·戴维·甘博摄于1917年，原照存于美国杜克大学）

的入口处树立一只木雕琼鸟，当时在官寨内大堂正中也供奉琼鸟。

涂禹山寨门楼上有木刻的大像，为鸟嘴人身，而足为鸟爪，两手持大蛇一条，两爪各抓蛋一枚。相传此鸟共生三蛋，一蛋为瓦寺土司之祖，一蛋为初斯甲（系清化县管，一大土司），一蛋为单东土司（在川西北距汶川甚远），故三土司为兄弟三人，各据一方的。[1]

天上普贤菩萨（san la wa gar）化身为大鹏金翅鸟曰"琼"，降于乌斯藏之琼部。首生二角，额上发光，额光与日光相映，人莫敢近之。迨琼鸟飞去，人至山上，见有遗卵三只：一白，一黄，一黑，僧巫取置庙

---

[1] 卫聚贤：石纽探访记，《说文月刊》，第二卷，第六、七期，1940年。按："清化县"疑为"靖化县"之误。

内，诵经供养。三卵产生三子，育于山上。三子长大，黄卵之子至丹东、巴底为土司；黑卵之子至绰斯甲为土司；白卵之子至涂禹山为瓦寺土司。[1]

索姓的来历

我的汉名是索国光，是民国年间国民政府汶川县县长康冻给我起的，他是我家给我认的义父。我姓名中的"索"字，是为了保留瓦寺土司的姓；"国光"意为"为国争光"。我们瓦寺土司是从第十九代开始改姓索的。第十九代以前的土司使用的都是藏族名字，汉文文献上记录的是藏族名字的音译，第十九代以后的瓦寺土司就开始出现"索"姓，有的土司使用的是藏名，有的土司有汉名也有藏名。

二、瓦寺土司世袭及征战史

自从中央王朝册封第一代瓦寺土司开始到我为止，瓦寺土司的世袭就没有中断过。根据民国年间汶川县县长祝世德编著的《世代忠贞之瓦寺土司》记载，瓦寺土司的世袭是这样的：

第一代雍中罗洛思；第二代克罗俄坚灿；第三代直巴扎什；第四代满葛喇；第五代舍纳容中；第六代占叫加；第七代喃葛；第八代亦舍雍中；第九代甲思巴；第十代南吉儿贾思巴；第十一代南吉二朋；第十二代舍躬；第十三代山查儿加；第十四代曲沃太；第十五代曲翊伸；第十六代坦朋吉卜；第十七代桑朗温恺；第十八代桑朗容忠；第十九代桑朗荣宗（索诺木荣宗）；第二十代索衍传；第二十一代索世蕃；第二十二代索代兴（字怀仁）；第二十三代索代赓（字季皋）；第二十四代索观沄（字海帆）；第二十五代世索国光（索朗旺吉）。关于瓦寺土司世袭以及征战史，在民国《世代忠贞之瓦寺土司》、民国《汶川县县志》中也有详细的记载，主要情况如下。

---

[1] 马长寿：《马长寿民族学论集》，人民出版社，2003年版，第137页。

岷江流域的茶马古道（西德尼·戴维·甘博摄于1917年，原照存于美国杜克大学）

　　明朝英宗正统末年（1449年），雍中罗洛思因赴威、茂征战有功，赐封宣慰使，先至卧龙，后驻守今汶川涂禹山，朝廷将涂禹山三寨、四山三寨共六寨之地划给雍中罗洛思令其住牧。

　　穆宗隆庆二年（1568年），瓦寺第十一代土司南吉二朋，统领部众平息草坡之乱。

神宗万历年间（1572—1620年），第十二代土司舍躬征服草坡，平息乱事。因讨伐有功，获赐草坡十二寨，瓦寺土司由此开始管辖草坡十二寨。

明末清初，瓦寺第十五代土司曲翊伸先后于清顺治十一年（1654年）、康熙元年（1662年）、康熙二年（1663年）、康熙十一年（1672年）等参与清王朝的征调。期间，顺治十五年（1658年）朝廷封其为安抚司安抚使，颁"加渴瓦寺安抚使司安抚使"印信一方，令其所辖地"东抵威州保子关，南至三江口交灌县老塞坝，西邻日隆以斑斓山界沃日，北至沙牌交杂谷"。瓦寺土司由此开始管辖卧龙关、耿达桥、三江口等地。

康熙二十四年（1685年），瓦寺第十六代土司坦朋吉卜奉调率兵三千，平息茂州[1]北路巴猪、力角（曲谷）、双马、猫儿山梁、董六定、力力、小力等寨之乱，受赏赐裹粮银五百两和"恪顺奉功"匾额。

康熙三十九年（1700年），坦朋吉卜奉调，遣土舍、土目通把等三十员率土兵二千、土夫五百，随官军征炉获胜。

康熙四十七年（1708年）四月，保县孟董洪水暴发，冲毁道路、桥梁，交通阻断，行旅绝迹，瓦寺土司坦朋吉卜奉令拨土兵五百前往修复。

康熙五十五年（1716年），瓦寺第十七世土司桑朗温恺奉调，遣土舍押马太率土兵五百名随征建昌得胜。

康熙五十七年（1718年）又奉调，派土兵九百名，负责运输军粮，是年三齐等寨投诚，清王朝赏给瓦寺土司管辖。

雍正元年（1723年）、雍正二年（1724年），瓦寺十七世土司桑朗温恺奉调，遣阿宝、王用等分别率土兵四百名、二百二十名随官军进击黄胜关上和青海桌子、棋子二山等地有功，朝廷授桑朗温恺宣抚使同知职衔，获赠"恪勤尽职"匾额。

---

[1] 今茂县。

雍正四年（1726年）、六年（1728年）、七年（1729年）、十一年（1733年），先后调瓦寺土兵三百、四百、四百、五百随朝廷军队征建昌、雷波、乌蒙、瞻对等地，均获胜。

雍正十二年（1734年），赏加宣慰使职衔。同年调土兵七百随征儿斯堡。

又有加渴瓦寺安抚土司桑郎温恺，所部羌番亦众，接近汉地。现募运粮人夫，属其部落居多。[1]

瓦寺安抚使桑朗温恺，加宣抚使同知衔。[2]

雍正十三年（1735年），调土兵五百随征贵州。

乾隆二年（1737年），瓦寺第十八世土司桑朗容忠时，皇帝诏谕："查瓦寺世有大勋，皆能恪恭厥职，着特授'宣慰使司职衔'，钦此！"

乾隆九年（1744年），桑朗容忠因揭发巨奸何如章有功，皇帝奖谕："……该土司能将造谋等情一一究出，实为才智。着赏加指挥使衔，以示鼓励！"

乾隆十年（1745年），瓦寺土司奉调土兵五百，会同官军征瞻对，受赏银三千九百四十两。

乾隆十二年（1747年），奉调土兵三次共六百五十名随征金川，两年中破大金川多处，阵亡土目土兵八十。赏赐甚厚。

乾隆十七年（1752年），调土兵一千二百往征杂谷。

乾隆三十六年（1771年），征调小金川。

乾隆四十五年（1780年），初贡大典，桑朗荣宗入京，获赏二品顶戴。

乾隆五十年（1785年），桑朗荣宗二次朝贡。

[1] 西藏研究编辑部编：《清实录藏族史料》，西藏人民出版社，1982年版，第201页。

[2] 西藏研究编辑部编：《清实录藏族史料》，西藏人民出版社，1982年版，第317页。

乾隆五十五年（1790年），桑朗荣宗三次朝贡，被赏戴花翎，并被赐姓索诺木，更名为索诺木荣宗。

乾隆五十六年（1791年），瓦寺土司奉命派土兵赴西藏参与抗击廓尔喀的战斗。瓦寺土司先后派刘正祥、王保等率领土兵入藏，王保及幸存战士将阵亡将士的辫子、腰牌带回家乡埋葬。这就是汶川三江等地"辫子坟"的来历。一些"辫子坟"在"改土造田"期间被破坏，不过至今在汶川三江乡境内还能够看到一些留存下来的"辫子坟"。

辫子坟分散在老百姓的祖坟里，当地称为"毛辫坟"，实际就是衣冠冢，里面是出征将士的头发、刻有编号的腰牌、指甲。其中就包括乾隆年间参加反击廓尔喀入侵、保卫西藏和鸦片战争期间出征浙江宁波抗击英国侵略的将士。1955年以前，每年正月初三，三江口的老百姓都要带上各类祭品聚集到三江口土司衙门西南方半山上的招魂包，由苯教僧人和汉族端公举办宗教仪式，各家辫子坟的家人面向东南方祈请客死他乡的祖辈魂归故里。

除了辫子坟，三江还埋葬了历史上参与保家卫国战役的两个重要人物，一位是乾隆年间参加廓尔喀之役的王保，另一位是道光年间带兵参加宁波战役的瓦寺土司土舍索文茂（索诺木文茂）。

清仁宗嘉庆元年（1796年），瓦寺土司索诺木荣宗奉调出师平定黔乱，历经两年，屡立战功。嘉庆七年（1802年），索诺木荣宗第四次进京朝贡，升宣慰使实职，获颁嘉字四百六十八号瓦寺宣慰司印，号纸一道。

〇又谕。加渴瓦寺土司索诺木荣宗，节次告派土兵随营打仗，兹当大功全藏，索诺木荣宗着加恩赏升宣慰司土职。所有印信，着换给承领任事，以示鼓励。[1]

道光二十年（1840年），鸦片战争爆发。道光二十二年（1842年），瓦

---

[1]《大清会典事例》卷三百二十二，礼部三三，铸印二，铸造二，嘉庆九年，上海古籍出版社，2002年版，第793页。

寺第二十世土司索衍传奉调派土舍索文茂领土兵千人前往浙江宁波等地参加反抗英国侵略者的战争，土兵英勇作战斩敌不少，索衍传被记大功，赏戴花翎。一同前往参与抗英战争的大小金川土兵因头戴用豹子皮做成的帽子而号称"虎头军"，亦称"豹子兵"。有部分瓦寺土司所辖土兵在浙江宁波等地阵亡后，由返回家乡的土兵将阵亡土兵的辫子、腰牌等带回家乡埋葬。

虎头军（采自 *Pierre Marie Alphonse Favier. Pekin: Histoire et description*）

二十二年（1842年），英军陷乍浦，据吴淞，逼金陵。奉调出师。衍传土舍索诺木文茂，领土兵千人往征。至宁波，与英军遇。敌虽有利器，然困于湖沼，故土兵斩获颇众。蒙记大功，赏戴花翎。[1]

咸丰九年（1859年），调土兵五百随征叙州府；十一年（1861年），瓦寺土司奉调随征叠溪等地，均以战功获厚赏。

清穆宗同治二年（1863年），奉调土兵五百进征松潘。

同治十三年（1874年），索世蕃奉调，亲自带领精锐土兵进剿平息灌县山匪，清除匪患。

宣统三年（1911年），瓦寺土司索代兴参与辛亥革命，率土兵千余于白水寨阻击清军，并令其弟索代赓在三江口、郫灌道上阻击清军。

---

[1] 祝世德：《世代忠贞之瓦寺土司》，1945年印。

从雍中罗洛思因为战事来到今汶川县境内，并成为第一代瓦寺土司开始，瓦寺土司五百多年的历史几乎就是一个连续征战的历史。在整个历史进程中，瓦寺土司参与过不少战争，主要有三个方面，一是执行中央王朝的指令，参与平定地方叛乱、维护地方安宁的战役；二是执行中央王朝的调遣，参与保卫祖国领土、抗击外国侵略的战争；三是参加了推翻清政府的辛亥革命。民国年间，由于受到国民党政府的反面宣传，瓦寺土司也参与过阻击中国工农红军的战斗。总的来说，瓦寺土司的征战行动主要是服从中央王朝的统一调遣，一旦中央王朝一声令下，则调士兵参战，多至数千名，少则数百名。

三、管辖范围

我的先辈由宝兴的穆坪土司分出来，最早驻扎在卧龙。现在卧龙

三江背运木材的苦力（欧内斯特·亨利·威尔逊摄于1908年6月19日，原照存于美国哈佛大学）

的金姓、杨姓等家族都是随我的祖辈从宝兴来的。瓦寺土司的官衔明代是宣慰使，是土司职位中较高的等级。瓦寺土司的祖辈管辖范围并不大，最初三江、草坡都不属于瓦寺土司管辖，是后来逐渐扩大的。后来通过征战，中央王朝封赐了更多的地盘，管辖的范围不断增加。历史上管辖的范围有变化，明英宗正统六年（1441年），瓦寺土司授封管辖的范围仅六个寨子，分别是涂禹山三寨，即当时的板桥山、白土坎、河坪；四山三寨，即大小坪、六荡、克约，共六寨，当时设置寨首来管辖各寨。至明神宗万历年间（1572—1620年），第十一代、第十二代瓦寺土司曾两次征服草坡，平息事端，因讨伐有功被赐辖草坡等寨。清顺治十五年（1658年），第十五代瓦寺土司曲翊伸在清兵定川之役中，首先归附，受封耿达、卧龙、三江等寨，三次共计受封二十八寨。瓦寺土司的鼎盛时期是在清嘉庆年间，当时管辖二十八个

汶川县（采自董邦达等：《四川全图》）

威州（伊莎贝拉·伯德摄于1896年，采自 *The Yangtze Valley and Beyond*）

寨子，以及今茂县、汶川、都江堰的部分地区。当时的管辖范围东至保子关，与今理县蒲溪、木兰一带接壤；南至韩坡岭二百里，与灌县[1]水磨沟、大白石及崇庆[2]州山交界；西至斑斓山[3]与小金沃日土司辖地及大邑县属雪山山梁交界五百里；北至沙沟二百五十里，与杂谷丹扎山岭接壤，东南交灌县管二百里；西南六百里接宝兴穆坪土司地；西北接党坝、绰斯甲地五百里。

民国年间，瓦寺土司对各寨的管理是这样的：土司设公署，直辖三寨，另设五个总管，分别管辖二十五寨。早期各寨的隶属情况是这样的，涂禹山土司公署：直辖板桥山、白土坎、河坪（和平）三寨；四山总管：官寨设在殷家坝，辖克约、六荡、大小坪三寨；草坡总管：官寨设在码头，辖碉头、足湾、草坝、樟排、克冲、沙排、紫

[1] 今都江堰市。

[2] 今崇州市。

[3] 又作班烂山，今巴朗山。

犁地（西德尼·戴维·甘博摄于1917年，原照存于美国杜克大学）

林、哈圭、龙潭沟、得尔躬、湾寨十一寨；耿达桥总管：官寨设在耿达桥，辖转经楼、龙潭沟、老鸦山三寨；卧龙关总管：官寨设在卧龙关，辖洞口、觉莫、松潘营三寨；三江总管：官寨设在三江口，辖天马塘、中河、党扎、席草林、龙竹园五寨。虽然有瓦寺二十八寨的说法，但到民国年间情况早已发生变化，已经不是全由瓦寺土司管理，例如二十八寨中名为和平的寨子是由瓦寺土司的家门——索家土舍管理，当时的土舍叫索习之，他的儿子叫索云栋。另一个寨子是岷江以东的板桥，也不属瓦寺土司管理，而由另一个索姓家门管理。民国年间瓦寺土司管辖的羌族村寨有白土坎、河坪等。

经过过去两周的接触，我加深了对他们[1]的了解，他们也开始把我当朋友。我们多次长谈，谈及他们时常面临的各种困难和社会问题。其中一些人提出他们的愿望，希望中央王朝尽快废除现存的封建制度，并

[1] 指瓦寺百姓。

把他们作为平等的国民对待。大多数人谈到土司强加给他们的负担以及需要上缴给地方官吏的赋税，使他们不堪重负。[1]

其住牧之地曰涂禹山。距汶城二十里。东至保子关与西沟一带接壤。南至韩坡岭二百里与灌县水磨沟大白石界。西界斑烂山即巴朗山沃日界五百里。北至沙牌沟与五屯接壤二百五十里。东南交灌崇二百里。东北交三杂谷四百里。西南六百里，接木坪土司地。西北接党坝、绰斯甲地五百里。[2]

土司制度

土司制度是我国封建王朝在少数民族地区实施的一种政治统治方式。所谓"土司"，"土"即指当地土著之民，"司"指官吏职位，即封建王朝以分封方式委托少数民族首领、酋长充任地方官吏，对本部落或本地区进行统治。它有世袭官位、赏罚、黜陟等规定，最终形成一种制度。土司制度肇始于元代，并完备于明代，延续于清代及民国。土司职位由中央王朝任命，并得以世代承袭。土司是一方统治者，是土地的所有者，是地区世袭主宰者。老百姓耕种土司的土地，同时必须向土司纳粮当差。土司掌握当地的政治、军事、经济大权。在土司职位的继承上，土司去世后，其子继承；无子者，兄弟、女儿、侄儿都可继承；无兄弟而子女尚幼者可由土司之母或土司之妻即老土妇或土妇摄政，待孙儿或子女年长，即继承土司位。如土司女儿继承土司位，可招赘其他土司之后代为婿，以所生之子女继承土司位。土司无嗣者，由土妇摄政，并招赘其他土司后代继承土司位。土司、土妇均死而无嗣者，可由土司家门即土舍继承。土司家族无人时，可从其他土司迎请有土司"根根"者即其他土司后代入嗣。土司之间各不相属。

---

[1] W.N.FERGUSSON: *Adventure Sport and Travel on the Tibetan Steppes*. New York: Charles Scribner's Sons, 1911, Page 114. 红音翻译。

[2] （清）李锡书：《汶志纪略》，汶川县县志编纂委员会办公室2004年编印，第408页。

　　土司居住在官寨中，土司官寨又称为土司衙署，瓦寺土司的主官寨设在涂禹山，曾经在三江口、卧龙关、耿达都有土司官寨。瓦寺土司涂禹山官寨有专门办理行文的机构，我记得有汉族师爷一名，专门负责办理与汉官、县衙的来往公文。夷字房有专人负责与各土司来往藏文文件的处理。土司内部由土舍、总管等管理全部地方事务。瓦寺土司辖地除藏族外，还有汉族、羌族等。瓦寺土司曾经非常强盛、富有，但是到了民国年间已经没落了，我认为与鸦片的传入，特别是瓦寺土司内部大多数人都吸食鸦片有直接的关系。这时权力也大大削弱，不能派役派款，只能收取地租。

　　凡土司制度实行之区，其最高权职之操纵为土司或土官，藏语曰"那尔保"（Nar-po）。土司或土官之下有头人（Ta-Lo）数名，分区域掌摄诸村寨之赋税、派徭以及其他行政之职。头人之下则为村长、乡约。土司或土官所在地曰土署。土署之内，土司或土官下设汉文、藏文秘书各一人，秉土司之意，管理往来公示、函件、布告及户籍税粮底册。又设总管家一人，总官署内职员、工役及财务、庶务。职员有司粮者一人，司酒者一人，司狱者一人，司阍者一人。此外，又有司历者一人，司索卦者一人，皆僧侣为之。再下，则为皂隶、走卒以及背水、负薪之工人。土署之职员皆为世袭的。但每种职业，并非限于一家或一人。彼等平时受有土司或土官之土地，共对于土署之服务乃为一种当差性质。在当差期间，土司或土官略予津贴，但为数颇微。每人当差有一定期限，至时即退，由第二家人代替之，直至轮流完毕，始再入署服务。[1]

　　土司之下为土舍，土舍是土司的家门，是土司的兄弟或直系亲属，本人或其先世享有土司分封的领地，并世袭，其地位高于总管，是有土司"根根"的人，土舍在土司辖区内担任较重要的职

---

[1] 马长寿：《马长寿民族学论集》，人民出版社，2003年版，第290页。

瓦寺仆人（西德尼·戴维·甘博摄于1917年，原照存于美国杜克大学）

务。当土司外出时，可代行土司职权；土司辖地内如遇重大事件，如战争、讼案、收粮纳税等事，土司不能兼顾时，则视当时情况，饬令各土舍办理；亦可任带兵官，常是前线指挥官，直接带兵打仗，并可代替土司到京城向封建朝廷进贡。

土舍之下为总管，民国年间瓦寺土司有四大总管。总管由土司任命，一般为世袭，分辖数寨至十余寨。总管也有官寨，地方政治由总管治理，稍大事件上诉土司。总管的主要任务是：代土司管理本属范围一切行政事务，调解百姓纠纷，帮土司收粮、派差役、审理诉讼、编练土兵等；轮流到土司衙门值班；受土司指派为会议成员，参加重要会议；代土司外出交涉等。

总管之下有副总管，有的地方没有副总管；总管之下为寨首，寨首只管一寨，受总管的指挥。寨首是基层组织的负责人，受命管辖寨内百姓。土司治下的基层组织，分为大寨或小寨，有的大寨下又分若干小寨。寨首一般是百姓中能力较强、受百姓拥护、有威望、能办事、受到土司和总管赏识的人担任，除贯彻办理土司、头人下达的命令外，还负责处理寨民纠纷和寨中公益事宜等。百姓不向寨首上粮当差，寨首经手粮税，调派运输服役之夫役，秉承土司、总管命令办理全寨事务，寨首比百姓服差役少，但实物缴纳有少量增加，一般自耕自食。

寨首之下为乡约，乡约之下为平民。乡约又称老民，由百姓中有威信者充当，主要的任务是召集百姓，协助寨首收粮支差。寨首与乡

在茂州（摄于20世纪30年代初）

约只在过年时收一些百姓送的礼物，同时他们还给土司拜年送礼。总
管、寨首、乡约由百姓公选，然后报请上一级加以委任，也就是说，
由土司任命总管，总管任命寨首，寨首任命乡约。涂禹山没有总管，
也没有寨首，但有乡约和传号。涂禹山的乡约姓刘。传号的任务主要
是传递消息。我记得草坡的总管叫罗文焕，副总管叫董仲权。董仲权
的父亲叫董克勤，曾经担任过草坡的总管，并曾护送索观瀛到卓克基
任土司职。另一名护送索观瀛到卓克基的叫王金山，祖籍金川，是瓦
寺土司家的放羊娃，他留在了卓克基。三江的总管叫徐清福，副总管
叫王茂山，卧龙的总管叫林镇江，耿达的总管叫明仲修。土司要收
租，收租的内容因地方而异，有的交粮，有的交腊肉，也有交贝母
的。民国年间，汶川被划为第一和第三区，编立保甲，总管、寨首分
别担任乡长、保长，汶川县政府令可以不经过土司直达地方，总管、
寨首仅有代土司收租的职责了。

此外还有宗师克，其职责为送信、捕人。宗师克分为两种：一种负责在土司管辖地内送信、捕人，另一种负责给土司辖地外送信。他们还常常被指派监督百姓服差役，也是种田、修房子等劳工的工头。会首：每寨设有两个会首，由各户土民轮流担当，主要职责是逢庙会时出面征粮买香，组织土兵操练、耍龙灯等。管山：卧龙关、三江口等地有管山一名，由总管指命，职责是管理山林，管理狩猎和挖药材等事务、安排烧山人、收取进山税。除以上外均为百姓。百姓分为普通百姓及家人。普通百姓分两种，一种是直属土司管理，土司给一份地，向土司上粮当差；另一种由总管代管，并纳粮交土司。

最初，嘉绒部落有共同的语言，但是经过长时间封闭和宗族的分裂形成了很多相距甚远的方言。这些族人现在分化为18个部落，统治的领地也大小不一，他们尽管都通过联姻来保持关系，但他们之间从来就没有过任何的和平。纷争从不间断，他们之间的不断争斗已成为一条定律。这使他们的力量减弱，而清政府对此的政策是尽可能地不干涉。地图准确绘制出了我们所知的这样一些部落和封建政权的领地。他们用喉音来发很多这些部落的名称，要用英文来记录这些发音几乎是不可能的。但所幸的是，最重要的一些部落如穆坪、瓦寺、梭磨、党坝、巴底、巴旺、鄂克什是最容易发音的。这些部落的领地最大时南北约250英里长，东西约200英里宽，嘉绒部落的人口约有50万。[1]

婚姻状况

由于土司之间各不相属，因此联姻成为土司加强联盟的重要手段。嘉绒藏族土司实行非常严格的等级内婚制，也就是说土司与土司之间婚配，如果没有合适的土司，就找土舍，即土司的兄长或兄弟，或是土司的姐姐、妹妹。一般情况下土司子女是不会与此范围之外的人结婚的。

---

[1] ERNEST H. WILSON: *China mother of gardens*. New York: BENJAMIN BLOM, INC. 1971, Page 177-178. 红音翻译。

土司继位也是同样的道理，首先是土司的儿子或女儿作为继位人选，如果土司没有子女，则由土司的兄弟继位，或是选择其他土司的子女作为人选。这样土司与土司之间就有了千丝万缕的关系。瓦寺土司因为地处汉藏交界地带，与内地联系和交往多，因此与内地汉族通婚时间较早。最近的几代在选择婚配对象时，都是与内地汉族的女子联姻，我的祖母和母亲都是内地汉族。

　　土司通婚限于自己的圈子。一个土司的儿子总是娶另一个土司的女儿，于是他们无可救药地陷入这种彼此交错的亲属关系里。每一位土司是所有其他土司的兄弟、表姐弟、叔伯或姑婶，通过这样的联姻，以使世袭权力得以代代相传。要搞清楚土司之间这种错综复杂的联姻关系，比拆散和重组最为复杂的中国七巧板还要难。[1]

差役制度

　　土司既为朝臣，又是一方统治者，对上，要向朝廷和地方衙署纳粮供役；对下，要向土民征收差税和要求土民支差。民国年间瓦寺土司对国家的义务包括四个方面，一是服兵役，凡遇战事则须调土兵参与作战；二是纳粮，例如每年要向汶川县、理番县[2]、灌县政府纳粮；三是服公役，即需要派人参加修桥、修路等；四是服公务，即遵照指令查办公务。

　　乾隆四十七年定，将番子等分两班，令其三年朝觐一次。[3]

　　土司进贡的土地特产，有鸟枪、贝母、黄连、腰刀、哈达、铜佛、

---

[1] W.N.FERGUSSON: *Adventure Sport and Travel on the Tibetan Steppes*. New York：Charles Scribner's Sons, 1911, Page 256. 红音翻译。

[2] 今理县。

[3] 《官中档乾隆朝奏折》第51辑，台北"故宫博物院"，1982年版，第209-210页。

鹿茸、藏香、马等。[1]

瓦寺土司差役碑

每年各塘土兵，应领羊折茶面银两，每年汶川县赴司领回，行知宣慰司定期发给。

每年土司官田，该土民耕种上粪草一季，每年秋收之时，除归还

造像（西德尼·戴维·甘博，1917年摄于涂禹山，原照存于美国杜克大学）

[1] 常明、杨芳灿：《四川通志》卷九十六《武备·土司》，巴蜀书社，1984年版，第3068页。

籽种外，收有玉麦一石，分赏土民二斗四升；荞豆一石，分赏土民一斗二升，其余悉数运交宣慰司收纳。内有涂山、四山、白土坎等土民，耕种官田，每日一人赏发荞麦饼一个，重一斤。卧龙、跟达每年所上贝母五斤，让减一斤，以上四斤。土舍等称，督宪琦批示每土舍一人准用跟役二名，该土舍等因念土民近年户少差苦，公同相议缴退跟役一名，只用跟役一名，轮流更换，土舍之子孙不得滥用跟役，不得私增。

每年桥梁道路，二年小修，各修各界，五年大修，二十八寨朋修，自戴家坪起至大石包止，该土民等照旧认修，不得违误。

倘有兵差并一切大小差事，该土民等承当，不得违误。

每年坐塘递送文报差事，该土民等不得违误。

土司署内上班，二十八寨土民轮流充当，不得违误。

土司每年官背每烟户认出一夫，烟户只有四五百家，一人一差，若官背有余不敷背者，印主承认。

涂禹山、白土坎、板桥山、河坪四山五寨，土民移耕，印主官田十九石种内，土司让免二石五斗种不耕。

每年土民上官麦粮不得违误。

咸丰三年九月二十四日瓦寺土司二十八寨会同汶城绅士保甲公立[1]

土司区域之人民，每家皆受一份田产，有固定的种植权，无所有权。因而只能种植，不能变卖。每年皆为土署纳一定之租税。正税之外尚有贡赋，如猎物、牛油、酒、薪，照例贡献于土署。又有徭役：职司以到署当差为徭；人民以供给畜力与体力，如背物、背水、伐薪、往来奔走为徭。汉官至其地亦由人民供给人力、马匹运送行李及骑行，亦名之曰"乌拉"。最后，亦如西藏然，人民对土署有服兵役之义务。枪械、弹药、马匹、食物例须自备。[2]

---

[1] 祝世德：《世代忠贞之瓦寺土司》，1945年印。

[2] 马长寿：《马长寿民族学论集》，人民出版社，2003年版，第291页。

军事与司法

瓦寺土司辖区内实行份地制。所辖土民编为土兵，又称兵民。租种土司份地的汉族佃户不予纳入土兵中，称为佃客。实行土民"领一份地，交一份粮，当一份差，出一个兵"。每户土兵自行训练，每年农历二月十六日，土司辖区内要组织打靶比赛。战争中的武器弹药由每户自备，主要是明火枪、大刀等，此外还要自备马匹、口粮。土司为出征战士准备部分茶叶、酥油等。全队由土司、土舍统领。阵亡战士在当地火化，将其发辫、腰牌带回故乡安葬。战事结束后，凯旋之时，瓦寺土司要请战士喝酒，对打仗有功人员，土司要赏给旗伞、土地等，如果一无所获，只赏一顿酒饭。

杂谷民一万余户，得兵六七千人。梭磨民五千余户，得兵三千人。竹克箕、见那达两土舍各三千余户，得兵各二千人。金川寺民六千余户，得兵四千人。大金川四千余户，得兵三千人。沃日民七百余户，得兵五百人。瓦寺民一千余户，得兵六百人。

兵器皆竹弓、竹箭、长矛、短刀、鸟枪。护身有支牌，棉帽皆套铁筒，间用铁盔甲，皆各番自行制造。[1]

维州协：副将驻理番之保县（旧威州），统左、右2营。左营中军都司辖瓦寺土司1员，今汶川县西境是也。右营守备辖梭磨、卓克基、松冈、党坝4土司，皆在今理番西北境，属大渡河流域。[2]

土司辖区内实施土司内部的司法体系，也是全辖区的公约。瓦寺土司官寨参照汉族官府衙门，设置衙署内部大堂、礼仪等。土司有权在衙署内审判犯人，主要解决较大的纠纷，多是婚姻纠纷，也有偷盗、债务纠纷等。小的纠纷由寨首解决，寨首不能调解的交给总管解决。衙署内有监狱，分别关押女犯、男犯。涉及汉族佃户的纠纷由汶川县解决。处

---

[1] 陈克绳：《保县志》，阿坝州地方志编纂委员会，1998年编印，第331页。
[2] 任乃强：《康藏史地大纲》，西藏古籍出版社，2000年版，第93页。

罚形式有罚钱、打板子、吊打、抄家、入狱等。

　　土署之收入，以土地租税及人民贡赋为大宗。其次，则为讼费与罚锾。当土署有民刑案件之时，不特土司或土官有一笔收入，则土署中之职员与工役有时亦可得到意外的收益。[1]

---

[1] 马长寿：《马长寿民族学论集》，人民出版社，2003年版，第291页。

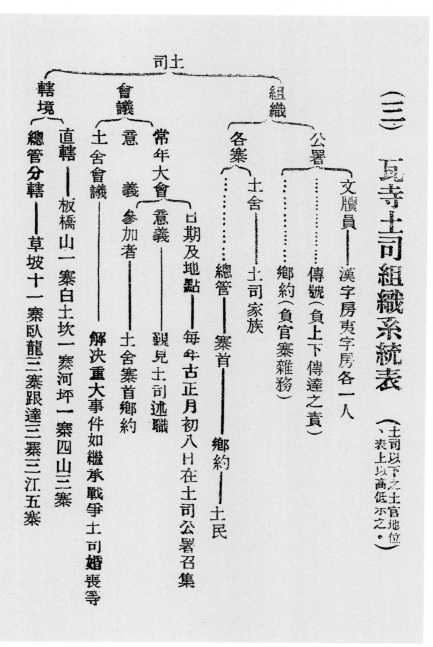

（三）瓦寺土司組織系統表（土司以下之土官地位、表上較高低不之。）

土司

組織
- 公署
  - 文牘員 —— 漢字房夷字房各一人
  - 傳號（負上下傳達之責）
  - 鄉約（負官寨雜務）
- 各寨
  - 土舍 …… 土司家族
  - 總管 —— 寨首 —— 鄉約 —— 土民

會議
- 常年大會
  - 意義 —— 觀兒土司逃職
  - 日期及地點 —— 每年古正月初八日在土司公署召集
- 土舍會議
  - 意義 —— 解決重大事件如繼承戰爭土司婚喪等
  - 參加者 —— 土舍寨首鄉約

轄境
- 直轄 —— 板橋山一寨白土坎一寨河坪一寨四山三寨
- 總管分轄 —— 草坡十一寨臥龍三寨跟達三寨三江五寨

該图采自祝世德：《世代忠贞之瓦寺土司》，1945年印。

第二章　童年记忆

汶川（绵虒）入口（西德尼·戴维·甘博摄于1917年，原照存于美国杜克大学）

瓦寺土司官寨

　　土司官寨又称衙署，瓦寺土司有两座官寨，一座位于涂禹山，另一座位于三江口。涂禹山上的是主官寨，它位于汶川县城以南、绵虒镇西北，岷江西岸涂禹山半山上，涂禹山又称铜灵山，铜灵山的来源与瓦寺土司的藏语称谓"མདོ་བྱེང"有关，铜灵是"མདོ་བྱེང"一词的音译。涂禹山上没有平坦的场地，土司官寨和村民的房子沿山梁而建，在山梁两面建房屋，形成了狭长的山寨。山寨周围是耕地，山寨后侧曾经有郁郁葱葱的松树林。土司官寨位于寨子中部。从山脚沿山梁而上到涂禹山瓦寺土司官寨首先要经过登溪沟。山梁边有马念坪沟，在马念坪沟居住的大多是羌族。从远处看，涂禹山的地形像一头狮子跪着前腿在河里喝水，因此涂禹山有"青狮含水"的说法。我记得小时候在上山路上有两处石头砌成的佛塔，佛塔建在山梁上，一个叫小塔子，一个叫大塔子，站在大塔子的位置可以俯瞰远处的山川和峡谷。过了佛塔后有一座牌坊，牌坊建在斜坡上。过了牌坊后有一个稍微平一点的坝子，旁边有一个小塔子，称为"字库"，是专门用来焚烧书写有文字的纸张的。当时书写有文字的纸张是不能随意乱扔的，必须拿到字库焚烧。附近还有一面照壁，过了照壁后有一道石砌的门楼。这道门是前门，称为"南黛大门"，也是下城门。前门上方有一只用木头雕刻的琼鸟。琼鸟有鸟嘴、鸟爪和人的身体，琼鸟的双爪上抓着一条大蛇。

　　进入南黛大门后两侧有张家、刘家、苟家等的楼房，楼房沿街道两

佛塔（西德尼·戴维·甘博，1917年摄于涂禹山，原照存于美国杜克大学）

旁整齐排列。原来有八十多家人，后来只有三十多户。在我的记忆中，这里的房子是用石头砌的，很高大，上层还有走廊，很有特色。除了土司的家人和仆人，寨子里还住有土司的家门土舍，也住有土民、佃户，土民百姓十多户，不上粮，专服差役。涂禹山山寨的前街、后街位于瓦

牧羊人（西德尼·戴维·甘博，1917年摄于涂禹山，原照存于美国杜克大学）

寺土司官寨下方。沿石板路缓坡而上，到达瓦寺土司官寨所在地，官寨坐北向南，有东、南、西、北四面墙，围墙用片石修砌，以黄土黏合。

……只有瓦寺土司的衙署及其村人二十六家在一起，全村共二十六家，

主尊（西德尼·戴维·甘博，1917年摄于涂禹山，原照存于美国杜克大学）

在山坡上搜寻喜马拉雅斑羚的瓦寺猎人（摄于1908年，采自*Adventure Sport and Travel on the Tibetan Steppes*）

为索姓六家，王姓四家，马姓四家，张姓二家，曾姓二家，苟姓二家，刘姓一家，姜姓一家，江姓一家，尤姓一家，明姓一家，陈姓一家。[1]

　　瓦寺土司官寨整体结构仿照汉族官衙建筑，大门前方有高大的石砌照壁，有大铜钟、大石碑，均刻有文字，前方两边有一对白色大石狮。进入官寨要经过头道门、二道门和三道门，分大堂、二堂、内堂。正中为一大门，两侧有耳门。大堂前面左侧是签押房，右侧是银匠等手艺人的居所。大堂正中供奉着琼鸟，两旁分别设有堂鼓、云板。堂内还备有

[1] 卫聚贤：《石纽探访记》，载《说文月刊》，1940年第二卷，第六、七期。

"肃静""回避"等大木牌仪仗。大堂后是个大天井，修有木楼环绕，俗称走马转角楼。楼上左侧为老土司卧室，右侧为下辈土司及家属居所，还有书房、客房。木楼右侧下面是裁缝房间，左侧下面是分装玉米等各种粮食的仓库。后面还有客房、柴火房、厨房，还有后花厅。官寨

瓦寺土司官寨碉楼（西德尼·戴维·甘博摄于1917年，原照存于美国杜克大学）

瓦寺土司官寨（西德尼·戴维·甘博，1917年摄于涂禹山，原照存于美国杜克大学）

由衙门、大堂、二堂、内堂、天井、石坝子、堂屋、签押房、书房、经楼、小经楼、祠堂、关帝庙、卧房、后花厅、拒押房、耳房、大厨房、后厨房、新衙门等构成。小经楼有三层高，又名"直麦古"，即小经楼的意思。瓦寺土司信奉的是藏族原始宗教苯教，小经楼里供奉的是苯教的神灵。稍微平坦的地方有花厅，花厅里面种了竹子、葡萄、樱桃、牡丹、芍药等。拒押房是书写重要文件的地方，也是我小时候上课的地方。

在官寨的后方，曾经有一座用片石砌成的高达九层的碉楼，碉楼为四角，高20余米。这座碉楼于20世纪70年代被拆，当时碉楼已经严重倾斜，危及周边的房屋。碉楼之后就是后城门。土司官寨最早建于明代中期，是城堡式的建筑，据说现存的城墙是来到涂禹山的第一代祖辈于明代修建的，到清代时对官寨进行了维修。衙门为四合院布局。前厅为木结构，屋顶盖小青瓦，面阔五间，进深四间，柱子为圆柱，前厅作客厅和日常办公用。后堂是木结构重檐悬山顶建筑，顶上盖小青瓦，面阔三

卓克基土司官寨（摄于1908年，原照存于英国皇家地理学会）

间，进深为底层，当心为六间、两侧次间为七间。廊柱为六棱柱，底层为住房，二层为贮藏室。左右厢房对称而建，均是重檐悬山顶木结构建筑，屋顶为小青瓦，面阔两间，进深三间。厢房为亲属和仆人的住房。涂禹山上有一座苯教寺庙，称为老庙子，距离官寨较远，在一片开阔地带上。我小时，老庙子所处的位置由于地质灾害造成地基塌陷，后来也没人在那个位置修房子，老庙子那里已成废墟。新庙子在官寨附近，据说老庙子的东西搬到了新庙子，里面有两尊战神菩萨，藏语称为"协卡"，记得那菩萨是反着骑在马背上。乾隆六年（1741年），瓦寺土司在三江口建有瓦寺土司衙门，作为行辕，通常由老土司或其子女居住，也是土司往来的住地，建筑壮观，1935年，三江口的官寨被烧。"文化大革命"期间，三江的土司官寨和家庙被破坏。

　　瓦寺土司家的食物以米饭为主，也吃面片、荞麦面团、玉米面团。我小时候家里有五六个佣人。当时因为家境已经开始没落，便自行开了一些土地，称为"上官田""中官田""下官田"，种地请长工，主要耕种玉米、荞麦、土豆、芜根等。我家的管家住在他自己家里，只在过年需要帮忙时才来官寨。涂禹山的老百姓以种地为主，但是涂禹山上耕地有限，除了种地以外，老百姓也靠打猎维持生计，有不少村民非常擅

长打猎，他们有健康的体魄、敏捷的身躯，能够在涂禹山上的森林中健步如飞，带着他们的猎狗追逐猎物，而且常常都有丰厚的收获。解放前涂禹山上的野生动物很多，有岩羊、金丝猴、猕猴、野猪、熊、豹子等，除了这些动物，草坡、卧龙等地还有大熊猫，解放前国民政府严禁猎杀大熊猫，大熊猫能够与老百姓和平相处，一般不会破坏庄稼。中华人民共和国成立后，政府有严格的法令禁止猎杀大熊猫，大熊猫得以保护下来。除了种地和打猎，瓦寺土司所属老百姓也砍树卖木料，熬碱补贴家用。

　　白熊（瓦寺土司所管之地多出白熊——即熊猫，政府禁止打猎，因世界只此地有。）[1]

农历新年

　　记得小时候，每当节日到来也是小孩子们最高兴的时候。每年冬天

---

[1] 卫聚贤：《石纽探访记》，载《说文月刊》，1940年第二卷，第六、七期。

过年，官寨里要念半个月的经；正月期间要出行；三月，官寨里都要念大经，然后要背着经书转山，祈求当年风调雨顺。春节期间土司要出门，这在书里有详细记载。土司要到牌坊边去敬神，喇嘛要念经。出崇时，卧龙、三江等地的寨首和总管都要到涂禹山瓦寺土司官寨来，在大庙边的坝子里杀羊，进行祭祀活动。这些时候举办的都是比较大型的活动，当时可以看见大人们打枪、放鞭炮、耍狮子，觉得很好玩。

涂禹山一年中最热闹的节日是过农历新年。过年以前，家里就要置办年货，要买鞭炮、对联以及各种好吃的，还要打扫房屋、贴对联等。大年三十要在堂屋和经楼里敬神，晚上要放鞭炮。一般情况下，初一至初三不出门，家里也没有人来拜年，只有喇嘛在家念经。初一天不亮，喇嘛放过鞭炮就开始念经；从大年初一至初三，不向外借任何东西，因为人们认为在这期间借东西不吉利；初四出行，所谓"出行"，就是一家人来到寨头的牌坊和字库边祭拜，土司坐轿子到场，由喇嘛念经，祈祷家里平安、祈祷一年风调雨顺；到了初八，其他寨子的人就会带上年货来涂禹山拜年。这时，其他寨子的喇嘛也到涂禹山来念经。当天，要对着涂禹山对面开枪；要在山神庙处杀羊，每个寨子分得一份羊肉，拿回去敬各自的山神；要到新庙子敬神，羊头要拿到卧龙。当天晚上，大家围坐喝酒、跳锅庄。

各寨都有自己的山神，还有专门为敬山神堆砌的白石堆。每家每户也把白石供奉在屋顶的熏香炉上、房屋四角边，或是窗楣上。各寨的山神都有自己的名字，瓦寺土司的山神名为"磨斯古"，"磨斯古"也是总山神。草坡寨的山神名"德尔戈"，樟排的山神名"格尔嘉杰"，沙排的山神名"琼维拉姆"，湾寨的山神名"巴布依"等。

通常，正月十五这天寨子的人要全体总动员，出去修路。家里要为参加劳动的人们准备茶叶和猪油。正月十六这天，各寨子的总管和寨首要到涂禹山，并在这期间商议和传达来年的重大事情。这一天，小孩子们要到汶川县城去看热闹，当时汶川县城在绵虒。我家在绵虒老街有一处四合院房子，称为公馆，家人到绵虒就住在公馆里。春节期间在绵虒街上举行的活动非常丰富，有"跑鬼"和"走驿丞官"等节目。"跑鬼"是指由人扮成鬼相，到大街上去"抢"东西；"走驿丞官"由一人骑马，并扮成驿丞官的样子，在街上缓行，前面有扮成师爷的人开道。沿途有人给驿丞官送酒，他只象征性地喝一口，然后把剩余的酒倒入身后的酒坛中。"走驿丞官"的来历与绵虒有关，据说很久以前，绵虒只是一个官员歇脚的驿站，有驿丞，这一活动便由此而来。正月十六这一天，有"跑雷神"和"装神"节目。"跑雷神"时由两人扮成雷神样，到家家户户转一圈，出门时放鞭炮。"装神"活动有很多人参加，他们装扮成各种神灵，但只能男性参与扮演，还要请灌县的道士，非常热闹。这一天街上要耍龙灯，耍龙灯结束后，人们便要取龙皮，所谓"取龙皮"即从龙灯上撕下一片纸带回家，据说这样可以避邪。龙灯架子留着来年再用。除了过农历新年，我们也过其他一些汉族节日，如清明节上坟、七月半烧佛纸等。另外，要在阴历三月左右念大经，也称念众人经。在这期间，寨子里的人们要背上庙里的经书围绕寨子转圈，据说，这样做是为了祈祷来年五谷丰登。

每年农历二月十六日，瓦寺土司的土兵都要练操打靶，这也是一个比赛的过程。每户派人参与，每户打三次，使用的是明火枪。也有很多当地人参与打靶比赛，届时，总管、寨首都要到现场观看。明火枪射击比赛是非常热闹的，男孩们都非常踊跃地参加比赛，现场有专人记录，如果打中了靶子插红旗，没打中靶子插白旗，如果一次打中目标就能获赏白酒三杯。打中了靶子的人喜气洋洋，而没打中的则觉得很没面子，只得低头跑开。

瓦寺有很多习惯和马尔康相同，只是马尔康跳锅庄的时候多点，我们出祟的时候也跳锅庄。马尔康有一种舞在我们这里是没有的，那就是马尔康民间口头上说的"马鸡舞"。这种舞其实就是我们藏族的"铠甲舞"或者叫作"武士舞"。解放初期我在马尔康卓克基有幸观看了这种舞蹈，后来就没有再看见了，如果这些东西失传，那真的太可惜。那种舞蹈和锅庄不一样。

第二天索土司[1]召集百姓在衙门中开欢迎会，我特地沽了两坛酒作奖励。参加跳锅庄的男女有40人，参观热闹的有200人，土司的大天井中非常热闹，土司夫妇也坐在一层楼上俯视。

最先跳的是一种古武士式的锅庄，参加的都是男子，戴了簪雉翎的硬盔，穿着花布的甲袍，背悬铜铃。为首的执弓箭，其余均手执长剑。为首的是一老者，先歌而蹀足，从者也随之高歌蹀足，他们似乎在战场上作战。这大概是一种提倡尚武的锅庄，其由来很古，现在只有卓克基还未失传，但不久也许会成绝响。

接着就是15个男子15个女子歌舞。为首的男子执马铃一串，领导全队。参加跳舞的男子，是一色的黑大领衣，红束腰带，皮靴缠帕，长的衣袖直拖到地上；女子也一律穿豆沙色的长袍长裙，皮靴缠帕，发辫上还缀着细小的珊瑚珠。这是四土出名的大锅庄，只有在土司及贵人前才能举行的，他们的动作整齐文雅极了，有如柔软体操。歌声亦不激不昂，和平悦耳。歌词是完全用庆祝吉利和歌功颂德之语连串而成。[2]

我的祖父祖母

我的祖父叫索代赓，字季皋，藏名罗洛加。祖父家里共有7个兄弟姊妹，祖父是其中最小的，是第二十三代瓦寺土司。祖父于1912年加入同志会，为汶川、理县的哥老会首领。1924年，国民党二十八军军阀邓锡侯任四川省长，为开发川西北边地，创设"松理茂懋汶拓殖研究会"。1928年，国民政府在茂县设置了"四川松理茂懋汶屯殖督办署"，二十八军军长邓锡侯兼屯殖署督办。他把松潘、理番、懋功[3]、茂县、汶川五县及抚边和绥靖、崇化三屯，划为二十八军的屯殖区域，由"屯殖督办署"统管这一地区的政治、军事、财政等。索代赓兼任屯殖督办署屯殖军第一队队长。1930年，索代赓奉令协剿黑水，在黑水鹅

---

[1] 指第十六世卓克基土司索观瀛。

[2] 庄学本：《羌戎考察记》，四川民族出版社，2007年版，第161页。

[3] 今小金县。

梭磨土司官寨（伊莎贝拉·伯德摄于1896年，原照存于英国皇家地理学会）

石坝被杀。

　　祖母是都江堰中心场璋家的女儿，汉族，嫁到索家后，称索璋。据说祖父年轻的时候正是清朝末年，当时盛行"操袍哥"，家里由祖父的哥哥索代兴任土司管理家业，于是祖父经常到内地操袍哥，后和祖母在都江堰认识并结婚，婚后一直在汶川三江生活。祖母个子不高，裹小脚，旧社会内地女人都以裹小脚为美。祖母料理家务很能干，对我很好，总是宠着我，给我讲很多故事，还讲辛亥革命时期关于祖父的很多故事。记得她很详细地讲过祖父到梭磨去当土司的经过，那时应该是20世纪30年代，祖父到梭磨任梭磨土司一年左右，由于黑水人不服，无法再待在梭磨，不得不回到涂禹山。听说当时的梭磨土司官寨还保留完整，并且很宏伟。当时梭磨土司管辖范围大，他除管辖梭磨以外，还有黑水，更早的时候理县杂谷脑有部分地区以及壤口等地也属于梭磨土司的管辖范

左起：母亲索赵士雅、祖母索璋、祖父索代赓、父亲索观沄，摄于1929年

围。梭磨土司官寨的规模是马尔康四个土司中最大的。祖母还讲过其他故事，由于我当时年幼，没有认真地去听，现在已经想不起多少了。

瓦寺第二十二世土司索代兴，字怀仁，藏名桑朗木尔甲，于宣统元年（1909年）继位。索代兴是我祖父的哥哥，我称"大老爷"。他曾与人合伙在杂谷脑，也就是今天的理县开了一家名为"怀胜兴"的茶庄，专门销售内地生产的砖茶。当时的杂谷脑是个货物集散地，由此地将货物运往四土地区和草地。索代兴在这个茶庄中占的资本最大。在辛亥革命的时候，"大老爷"索代兴曾到松潘去搞救济工作。索代兴嗣土司职位时正值辛亥革命风暴席卷全国，四川有志之士发动群众组织四川保路同志军响应起义，索代兴与我的祖父参加了四川保路运动。在这次起义活动中，他们积极联络川西北的藏族土司、各屯守备及哥老会首领，组织藏、羌、汉各族群众参与起义，迫使各驻地巡防军缴械投降，推翻了清王朝在这一地区的统治。索代兴被奉为屯土统领，但却因军务劳顿于1913年5月在涂禹山去世。听说"大老爷"索代兴特别喜欢打猎，一旦他决定上山打猎，便命令属下的打猎高手随他出行，每次都能打到不少

索代赓（左）、索观沄（右）（西德尼·戴维·甘博摄于1917年，原照存于美国杜克大学）

猎物，满载而归。

次日早晨，我们拜访了索土司[1]。他刚从位于铜灵山的官寨下来，拜见一位新上任的汶川官员。索土司对我们很友好，第二天就安排了一次小规模的狩猎活动，以测试我们的狩猎能力。……

索土司执意邀请我们到铜灵（Tongling）山官寨玩一天，盛情难却，我们应邀前往。他为我们准备了丰盛的宴席，以接待贵宾的礼仪款待我们。布鲁克先生拿出照相机，整个山寨的人都聚拢来看稀奇。我们度过了一个生机盎然的夜晚。……

他是一个鸦片瘾君子，曾多次想到成都的医院去戒掉烟瘾，但是却没有孤注一掷的决心。[2]

---

[1] 指瓦寺第二十二世土司索代兴。

[2] W.N.FERGUSSON: *Adventure Sport and Travel on the Tibetan Steppes*. New York: Charles Scribner's Sons, 1911, Page 88、103、105. 红音翻译。

左起：米尔斯、第二十二代瓦寺土司索代兴、布鲁克。（1908年摄，采自 *Adventure Sport and Travel on the Tibetan Steppes*）

索代兴仅有独子索观瀛，民国初年索观瀛被迎嗣卓克基土司位，故由索代兴的胞弟即我的祖父索代赓承袭瓦寺土司职位，为瓦寺第二十三世土司。祖父索代赓在我出生前就已去世，他的长相是从后来的照片上看见的，祖父于1930年带上八十个土兵到黑水打仗，被黑水人打死在黑水鹅石坝。我的祖母于1953年正月间去世，当时只有65岁。

那一次战争的经过，情形很为复杂。起初是梭磨戎民的内讧。因梭磨土司绝嗣，死后没有相当的人可以继承，于是引起其它部落中的大头人司高让、任贞与木耳甲恩登三人的觊觎，互相残杀，历十余年，相持不下。上芦花、上黑水的人民，就推举汶川瓦寺的索土司代理梭磨土司之职。但是下芦花、下黑水的人民，又起而反对，同时还请了什谷屯的守备名叫高益赞[1]的暗中援助。梭磨是四土中最大的一土，高守备当然有做土司的野心，他虽然是索土司的妹夫，但为要做土司，也就不惜参加暗斗。高益赞死了以后，索土司受了屯署的帮助，到梭磨做土司，这时下黑水的司高让等，仍表示反抗，互相激战不已。司高让因为和什谷屯土妇索黛玉等有联络，声势浩大，索土司眼看不敌。同时战事还蔓延到什谷脑，引起了"理番会"知事的愤慨，率屯兵和团丁前去进击。不幸知事的腿上被一颗流弹打中了，事态更加扩大，屯署不得已派大队去剿办，司高让才撤兵屈服。[2]

我的父亲母亲

我的父亲叫索观沄，字海帆，生于1906年，1930年嗣瓦寺土司位，是第二十四世瓦寺土司。父亲小时候在涂禹山读私塾，中学在成都储才中学读书，自成都锦江公学毕业。我父亲年轻时是操袍哥的。旧社会的袍哥有两种，一种叫混水袍哥，是从事抢劫、杀人放火等各种坏事的

---

[1] 高益赞即高益斋。——整理者注。

[2] 庄学本：《羌戎考察记》，四川民族出版社，2007年版，第135页。

父亲索观沄（摄于1929年）

人，另一种叫清水袍哥，是指那些有文化，除了游荡不做任何坏事的人，我的祖父和父亲都是清水袍哥。我的父亲嗣瓦寺土司位后，由二十八军军部及屯殖督办署委任，代理屯殖军队长。父亲自成都锦江公学毕业后，投身于国民党军队，被授予少校职，任松茂清乡军第一大队队长，驻卧龙关，保护商旅。

1933年，父亲考入二十八军军官教育团，1934年至1935年，担任茂州屯殖军第二营营长。1934年，安县一带的土匪到茂州"找财喜"，"找财喜"的意思就是抢劫，我父亲到茂州参与打土匪的战斗。1935年，父亲回到汶川。1935年后，国民党四川省政府成立，并将四川省划为十八个行政督察区，松、理、懋、茂、汶五县及绥靖、崇化两屯划为第十六行政区，设专员公署于茂县，并设区保安司令部，由专员兼任保安司令，派保安队五中队及正规军若干名分驻各县，各土司要受所在地方政权的节制。国民政府又颁布《编组保甲法》，废除清末民初一直沿袭下来的"里甲制"或"团甲制"，实行保甲制。1936年改设区乡、编组保甲后，瓦寺土司管辖仍为二十八寨，但已改设绵虒、三江、卧龙、耿达、草坡五个乡，行政区域统属于汶川县。1938年至1939年，我父亲担任汶川常备中队中队长。1940年实行所谓的"新县制"，集军、政、学一体。1940年6月25日，我的父亲索观沄患肾结核病逝，年仅34岁。其时，我仅8岁，成为瓦寺第二十五世土司，由于我年幼，由我的母亲索赵士雅代行土司职。

我父亲在家排行老大，下面有三个妹妹。大妹即我的大孃，"书名"叫索观德，1940年正月间患胃病去世，她很年轻，还没有出嫁，记得她长得胖胖的，对人和蔼，但是没有二嬢脾气好。二妹即二嬢索亚霜，个子不高，偏瘦，对人和气，讲道理，很多人认为和索二嬢比较好说话。二嬢早年曾嫁到唐昌梁家，梁家是当地有名的大地主，丈夫叫梁战亭，20世纪30年代就穿西装、开摩托。当时的摩托车不叫摩托车，叫打屁车，因为骑摩托发出的声音很远就能听见，像人打屁的声音。梁战亭在成都是有名的梁公爷，家里要为他请西餐厨师做西餐，他为人和气。二嬢因为抽大烟和梁战亭离婚，后来听说梁战亭死在农村。二嬢离婚后回到涂禹山娘家，她因为吸鸦片太多，中毒太深，手都比大腿粗，请医生为她看病，却因找不到血管没办法为她打针，最后全身浮肿，在马尔康去世。三嬢是索观涛。我的父亲个子不高，瘦瘦的，很精神，但是抽大烟，在我的记忆中祖母吸大烟，祖父吸大烟，二嬢吸大烟，我母亲也吸大烟，可以说鸦片几乎毁灭了我的家。

我的母亲索赵士雅，原名赵士雅，于1901年生于温江吴家场，于1924年嫁给我父亲，并随父亲来到瓦寺土司官寨。她毕业于成都私立师范学校，当时祖父觉得母亲有文化，不简单，因此家里很多有关文书方面的工作都由母亲承担。母亲嫁至索家后生育不顺，我有个姐姐，叫索润英，很乖巧，我还保存有她的照片，听二嬢讲，她抱姐姐的时候，姐姐已经可以站起来了。当时医疗条件差，要养活一个孩子很不容易，姐姐大约两岁多

母亲与姐姐索润英（摄于20世纪30年代初）

就死了。听大人们说我曾经有个哥哥，生下来呼吸微弱，不久死亡。换了今天，这样的情况也许能够抢救，但是在当时却没有办法。后来，我快出生的时候，父母考虑到山里的医疗条件太差，生一个死一个，生两个死两个，便安排母亲来到成都，这样我便出生在桂王桥西街。我的童年比较孤单，在我小时候的记忆中，父母亲陪我的时候很少，他们把大部分时间用来吸大烟。父亲在烟瘾过后，偶尔也会握着我的手，教我写毛笔字，但这样的时间加起来也没有几天，所以我从小就痛恨大烟。解放前医疗条件非常差，我的父亲因患肾结核，医治无效于1940年去世，时年34岁。

汶川仅有瓦寺宣慰司一部落，管辖二十八寨。地域之广，数倍于汶川直辖区域。惟以紧接内地，汉化较深。所辖人民，汉番各半。现土司索观沄（最近病故）……业经纷纷编组保甲，改土归流。按其地旧为桑朗氏所住牧，明清两代，均划地归其治理。桑氏于明代中叶，贡土物至涂禹山，其后裔遂蕃衍于此。[1]

外祖父是赵家人，也是操袍哥的人，走的地方多，我父亲同样操袍哥，认识赵家后，通过提亲，征得赵家同意后，就把母亲接回汶川瓦寺土司官寨。当时的土司官寨所在地属于汶川县第二区绵虒镇三保。我母亲从小聪明好学，清光绪三十二年（1906年）开始读私塾，1919年在成都省立第一女子师范中学读书。母亲家只有两姐弟，她有一个弟弟即我的舅舅，叫赵启玉，已经过世。舅舅有两女，大女赵宗平，"文化大革命"期间因为吃不饱饭，便在日记本里写了几句发牢骚的诗，被室友揭发后划为反革命分子，先后在万家坪、云昌茶厂等地劳教。后来平反，先是在饮食公司当经理，后到温江交通局工作，也在汽车驾驶学校工作过，退休后过得不错。小女叫赵琐平，都江堰林校毕业后在攀枝花市林苑工作，已经退休，她有两儿一女，现在都过得很好。

---

[1]《民国边政史料续编》第二十九册，国家图书馆出版社，2010年版，第648页。

索桥（西德尼·戴维·甘博摄于1917年，原照存于美国杜克大学）

左起：索璋、索赵士雅、索观涛、索国光，1940年摄于涂禹山

母亲受过教育，为人处事得体，办事利落，善于处理各类事情，并且善于与当时汶川县政府的官员打交道。家中母亲主外，父亲主内，对外交涉、土司辖区的管理等都是母亲负责。父亲去世后，由于我还年幼，我的母亲一直代理土司一职。当时母亲非常重视家谱的续写。1942年，祝世德来到汶川县出任汶川县长，我母亲找到祝世德，请他代为增补瓦寺土司家谱。当时她手上有瓦寺土司的木刻版《功勋纪略》，里面只记录了瓦寺土司二十一代之前的事迹。后来，祝世德于1945年完成该项工作，并取书名《世代忠贞之瓦寺土司》。民国年

间，我母亲积极参与地方政府的事务。1946年，国民政府在汶川县成立"中国国民汶川县妇女委员会"（简称妇委会），她担任第一届妇委会理事。1947年，我母亲被选为国民政府行政院立法委员会委员。1948年，她辞去汶川县妇委会理事之职，赴南京参加国民政府立法会议。1949年，母亲从南京回到汶川，再次担任汶川县妇委会理事直到1950年汶川解放。中华人民共和国成立初期，母亲接受了中国共产党的教育，积极拥护中国共产党的领导。1950年，汶川县委、县政府成立。1950年至1956年，母亲担任第一届至第五届汶川少数民族政治协商委员会副主席一职。1955年初，汶川县作为四川省藏族自治区民主改革的试点地区，开始实施民主改革，母亲积极拥护中国共产党和人民政府，遵守人民政府的一切法令，拥护土改政策，在人民代表大会上发言，表示愿意接受广大农民的意见，表达了对土地改革政策的理解，明白了不土改就不能发展地方的政治、经济、文化事业，因此愿意为逐步实现土改目标而努力。1956年后，她任阿坝藏族自治州政协常委。1967年1月18日，母亲因病去世，享年66岁。

杨喇嘛和私塾老师

瓦寺土司管辖范围内的嘉绒藏族主要信奉藏族原始宗教苯教。瓦寺土司原来在涂禹山卧龙、草坡、三江都有苯教寺院，比较有名的寺院是位于草坡的金波寺。我小的时候，涂禹山的老庙子已经废弃，有新庙子和官寨后面的关帝庙。新庙子里平时有三位喇嘛，草坡有两名喇嘛，卧龙有五位喇嘛。涂禹山有位德高望重的大喇嘛叫索斐然，我称为二爷爷，他管理所有的喇嘛。他于1943年去世，当时七十多岁。据说，当时由于许多人染上鸦片瘾，寿命都不长，索家的老年人很少活过七十岁。

涂禹山上新庙子里有一位苯教喇嘛，大人们都叫他杨喇嘛，他是卧龙人，专门负责家里的佛事活动。他是进过西藏学习的，我的嘉绒话是跟杨喇嘛学的。他不仅教我日常用语，还教我如何使用藏语的敬语。过去在嘉绒藏区被称为喇嘛的，有的去过西藏学习，有的最远也只到过丹

与杨喇嘛在一起（1940年摄于涂禹山）

巴。杨喇嘛住在新庙子里，我和杨喇嘛交流的时候用嘉绒话，和家人一般用汉语交流，我的草地藏语是后来才学的。杨喇嘛要念经、为死者超度、打卦。后来，杨喇嘛染上了鸦片瘾。解放后，杨喇嘛因为手巧，为村民编背篓、撮箕，制作把手等。杨喇嘛于20世纪60年代去世。

过去我们这个地方的人称米亚罗地区的人叫"科斯部"，称卧龙地区的人叫"龙古部"，称草坡地区的人叫"多科部"，称汶川瓦寺这一带的人叫"多林部"，嘉绒藏族自称是"古如"。

第二天清晨，我们去看土司的家庙。这座庙已经有六百多年的历史……

寺庙的住持喇嘛是土司的表弟。他是一个让人愉悦的年轻人，但却没有向我们提供更多的信息，也许他对我所提到的早期的著作不太熟悉。寺庙里一位身患肺痨、病入膏肓的老喇嘛告诉了我很多想要知道的信息。此处暂不详述。

书架上堆着大量的藏文经卷，书籍上面覆盖着灰尘和蜘蛛网，看来没怎么用过。寺庙的横梁或墙壁上悬挂着画着佛祖、圣人、转世活佛的卷轴画。一些造像面前点着酥油灯，但是大部分的前面没有。[1]

家里曾经请了一位满人教书，名叫景绍堂，是成都人。他的父亲曾经担任过知府。1938年，景绍堂老师在涂禹山教书五个月，1939年到草坡教书九个月。他很有学问，但是他们父子都吸大烟。

瓦寺喇嘛（西德尼·戴维·甘博，1917年摄于涂禹山，原照存于美国杜克大学）

我刚上学的时候还小，不懂事，对上学相当害怕，那时有位回族老人是我们家的师爷，叫白谨常，脚有一点残疾，是跛子，高个子，他也抽大烟，住在绵虒，家里让我到他家学习。有时正在教书的时候，白师爷的烟瘾犯了，就会咕噜咕噜吸上几口大烟。他主要教我识字和写字，教我写毛笔正楷，是我的汉语启蒙老师，我的毛笔字主要是在他那里学的，他教了大约一年左右。白师爷于1949年秋天去世。我在汶川小学读过书，汶川小学设在绵虒。学校开设有高小，当时全汶川县只有两所小学，我在城厢小学读了两年。那时候学校学生最多也就一百多人，有三四位老师，主要讲授国文、算术、自然常识、音乐、体育等课，音乐课教学生唱几首歌，体育课让学生抱着篮球玩，没有专门的音乐和

---

[1] W.N.FERGUSSON: *Adventure Sport and Travel on the Tibetan Steppes*. New York Charles Scribner's Sons, 1911, Page 104. 红音翻译。

在汶川（绵虒，摄于1939年）

体育老师。我们班有二十多人，大部分是男生，有三四位女生，上午一般上三四节课，下午上两节课，早上八点过到学校，中午十二点回家，下午两点过到学校。学校设在当时绵虒庙子街的寺庙里，记得当时上学也不用交学费，连书本都不用出钱。有一位姓孟的老师教我们国文，后来听说神经有问题，死在绵虒山上。算术老师姓何，教我们常识的是郭老师，都是男老师，当时没有女老师。有一位女同学现在住在成都，叫傅星蓉，曾经在北京气象学校教过书。还有一位同学叫高家泰，其他同学大多都已经过世，现在留下来的不多了。记得当时我们最喜欢玩的游戏就是躲猫猫、蛇抱蛋、老鹰捉小鸡等，如果游戏输了，就罚"筛糠"。所谓"筛糠"就是手脚四肢分别被四个人提起，这四个人统一口令后，把提住的人抛向空中又拉到地面，一上一下，来回反复，让其产生腾云驾雾的感觉。筛糠是嘉绒藏族地区比较流行的一种娱乐形式。

大约到了1941年，家里人请了崇庆县周家的周必强表叔专门到涂禹山官寨教我语文。和我一起学习的还有我的三孃索观涛。周老师到涂禹山的时候三十岁左右，我三孃随周老师学习了大约一年后考上灌县中学，就到灌县读书。我随周老师学习了大约三年半时间，专学古汉语，偶尔也学算术和自然科学的内容。我学过《孟子》《孝经》还有部分唐诗。周老师教书非常严格，一天一篇大字、一篇小字是必不可少的功

溜索（威廉·吉尔绘于1877年，采自 *The Yangtze Valley and Beyond*）

课，同时还要求我背诵很多学习内容。最初读书的时候以背诵为主，后来才开始讲解文章的内容，晚上吃过晚饭也要我背诵，经常学得头晕脑胀的。后来周老师看我读夜书很疲倦，就不再要求我读夜书，但是增加了下午的学习量。到了1944年的秋天，家里要求我参加灌县的高中考试，但是当时我的数学成绩没上去，也就没能考上灌县中学，后来我到崇庆县立中学读书。

我小的时候主要生活在涂禹山和绵虒，住绵虒的时候要多一点，绵虒街上非常热闹，因此我也特别喜欢住在绵虒街上。小时候，由于我们距离内地近，祖母、母亲都是内地汉人，家里的生活也和内地人差不多。家里交流都用汉语，穿汉装、布鞋、长袍，吃的也和内地一样，早上、中午吃饭菜，晚上吃饭菜和面团等，玉米和荞面等也有，吃酥油和糌粑的时候不多。由于气候的原因，酥油在我们那里也没有那么香。当时的大米都是内地运到山里卖的，由于缺大米所以我特别喜欢吃，而不

1942年摄于绵虒（前排左起：二孃索亚霜、索国光；后排左起：四爷爷杨丹泉、表叔周必强、伯父索云栋）

汶川（绵虒）街头（西德尼·戴维·甘博摄于1917年，原照存于美国杜克大学）

喜欢吃面食和玉米，不像现在，天天吃大米，反过来还不喜欢吃大米，又喜欢吃玉米了。

老汶川绵虒和茶马古道

1952年4月以前的汶川指绵虒，现在的汶川县城当时叫威州。威州城墙以内是理番的门户，属于理番县管理，理番县城在今天的薛城。威州城墙以外，属于汶川管理。汶川县衙门在绵虒城墙以内。当时位于绵虒的汶川城内人口不足二十户，城外比城内还热闹。绵虒城内、城外和周边有不少庙宇和塔，记得有娘娘庙、土地庙、三官庙、字库、真武庙、元阳庙、马王庙、玄坛庙、禹王宫、观音堂、天主堂、清真寺、文庙、天台、武庙、城隍庙、观凤楼、鸡仙庙等。其中，禹王宫和城隍庙有戏台子，可以看戏。解放前汶川地区鸦片泛滥，人们深受其害。有许多人吸鸦片，鸦片也称为大烟，当时绵虒街上有大烟店，大烟店里很脏，收费很贵。吸大烟的以男人为主，也有女人。鸦片害了很多人，吸

威州的碉楼与溜索（欧内斯特·亨利·威尔逊摄于1908年，原照存于美国哈佛大学）

大烟的人骨瘦如柴，他们衣衫褴褛，寿命也短。有的人为了得到吸大烟的钱，不惜变卖家产，甚至家破人亡。在我小的时候，身边的大人们几乎都是抽大烟的，所以我恨透了大烟，讨厌大烟。

从灌县进入四川西北部的茶马古道要经过绵虒，这条道路上有人力背茶包的，有用牦牛和马匹驮运草药的，有运毛皮等土特产的。沿途的道路非常危险，有的是在山边上铺设的羊肠小道，有的是在岷江边的岩石上开凿出来的偏桥。走在这种搭建在悬崖边的路上，让人心惊胆战，一边是悬崖，另一边是波涛汹涌的岷江，一不小心就有可能掉进急流中被河水冲走。沿途还有索桥和溜索，索桥是用竹子编的桥，摇晃不定，溜索就是在岷江的两岸一高一低的地方架起绳子，需要过河的人把自己绑在滑轮上，通过滑轮和自己的小跑助力，将自己滑到河的对岸。

在中国的旅行中，没有任何地方比我在这里见到的绳桥更让我着迷。我第一次见到绳桥是在这次旅行的第二天。沿途一直到威州，每间

岷江流域的苦力（欧内斯特·亨利·威尔逊摄于1908年，原照存于美国哈佛大学）

隔一段距离就有绳桥。从威州开始，就再也没有见到绳桥了。

山地居民在很高的地方拉起编成辫的竹缆绳横跨大峡谷，他们用尽全力拉直竹绳，并将竹缆绳的两头牢固地系在大圆石或合适的岩石上。……

到达对岸后，他解下圆筒，将圆筒和绳子装进篮子里，然后扛上他的担子。男男女女都是这样不间断地拿着几个小口袋或是成捆的木柴过绳桥。他们过到对岸后，总是向绳桥边的神龛鞠躬，然后各自上路。[1]

从绵虒到灌县，沿岷江往下游一路经过的地方有高店子、三店、飞沙关、羊店、磨子沟、大邑坪、下索桥、沙坝、皂角沱、桃关、佛堂坝、彻底关、锣圈湾、沙坪关、银杏坪、娑婆店、兴文坪、太平驿、清水驿、豆耳坪、映秀老街、西关垴、娘子岭、乱石窖、大湾、小湾、寿星垴、尖尖树、龙溪、楠木园、茶关、猪瑙坝、白沙、石厂湾、二王庙等。羊店的美女多，有"威州包子板桥面，要看女人走羊店"的说法；佛堂坝，因为岩石上刻有佛像而得名；茶关，因古时销售至藏区的茶叶为专卖贸易，民间不能自由买卖，当时此处设有茶叶的检查站点而得名。

中国工农红军第四方面军主力部队于1935年5月至8月长征途经汶川，足迹遍及雁门、威州、克枯、龙溪、绵虒、草坡、映秀、耿达、卧龙。红军在汶川的时间不长，但是种下了革命火种，建立了苏维埃政权，留存了大量的红色历史遗迹。为了纪念红军，缅怀红军先烈，当地群众将马岭山的山王庙改为红军庙，汶川县的吊桥也取名为"红军桥"，还建了"红军纪念馆"。

---

[1] Isabella Lucy Bishop: *The Yangtze Valley and Beyond*. London：John Murray, 1899. 红音 翻译。

从索家走出去的家人

索黛玉

历史上从索家走出去的长辈不少，我这里主要说说清末和民国期间的人物。我的祖父索代赓有个妹妹叫索黛玉，藏名叫桑尔基木初（གསང་རྒྱས་མཚོ），她嫁给了杂谷脑的守备高益斋。高守备是当时的一个风云人物，藏名叫石旦真（བསྟན་འཛིན），于光绪十五年（1889年）生于杂谷脑屯守备世家，他的父亲名高进诚，母亲是党坝土司的女儿。高益斋继承了其父的杂谷脑屯守备职。高益斋有兄弟二人，他的弟弟高承业继承了

松岗土司官寨（摄于1908年，原照存于英国皇家地理学会）

高益斋、索黛玉夫妇及子女（左起：高良、高益斋、索黛玉、高琼英（怀抱中）、高襄，西德尼·戴维·甘博摄于1917年，原照存于美国杜克大学）

松岗土司职。1933年，高承业被杀，有一段时间由松岗八大头人分两派轮流到松岗土司官寨执政。民国年间松岗土司原辖地有三十六沟，共约两千余户。其辖区在今马尔康县和壤塘县境内。

　　高益斋自五岁开始读私塾，光绪二十三年（1897年）理番厅（今理县）创办短期学校时住学校。高益斋喜好读书，他家中藏书丰富，他也喜欢和文人雅士、商人交往。1923年，四川军阀各占防地，理番县及汶川、茂县、松潘四县为第八旅的地盘，由旅长郑幕周管理行政和经济事务。由于军阀设卡收税、派军粮等，加重了当地老百姓的负担。高益斋因此曾两度组织针对军阀的抗捐斗争。1927年，高益斋和长子高良被边防军杀害，索黛玉于1944年病故。高益斋与索黛玉生二子一女，分别为长子高良，次子高襄（又名三郎彭措 བསོད་ནམས་ཕུན་ཚོགས།），女儿高琼英。长子高良继承杂谷脑屯守备职，次子高襄继承松岗土司职，女儿高琼英嫁给下孟屯守备沙道刚。

卓克基土司索观瀛

索观瀛，号海寰，藏名叫索朗泽仁（བསོད་ནམས་ཚེ་རིང་），小名双贵，1900年生于汶川县瓦寺土司家庭。索观瀛的祖父索世蕃，先后娶了两个妻子，共生五子一女，原配夫人生有一个儿子，叫索代兴，他便是索观瀛的父亲，索观瀛母亲名哈木措（ཧ་མཚོ）。索代兴是第二十二世瓦寺土司，索观瀛是索代兴的独子。索代兴是我的祖父索代赍的兄长。索代兴，字怀仁，我称其为"大老爷"，我称索观瀛为"大伯"，索观瀛幼时在涂禹山土司官寨读私塾。听说索观瀛的父亲、我的"大老爷"索代兴的婚事是这样的，索代兴年轻时，父母就给他物色了不少的名门闺秀，他却一个也看不上。一天，他决定自己出去寻找意中人，他把自己

左起：瓦寺土司索代兴、子索观瀛（中站立者）、文书（摄于1908年，采自 *Adventure Sport and Travel on the Tibetan Steppes*）

打扮成一个商人，挑了两只装有针线、头帕、松耳石的货囊子，带着几个佣人，沿岷江逆流而上。走了半月，在今理县斯达特寺沟，遇上一位美丽的姑娘，经打听，得知是丹扎木大雍坝王大成的妹妹哈木措（ཧ་མཚོ།）。索代兴对哈木措十分满意，回到涂禹山后，当即派人到哈木措家说亲，王家也十分爽快地答应了这门亲事，"大老爷"与哈木措结婚后生下索观瀛。索观瀛是"大老爷"索代兴夫妇五十余岁才生的，老来得子不易，索代兴夫妇特别喜欢儿子索观瀛。

宣统三年（1911年），卓克基土司绝嗣后，因卓克基土妇来自瓦寺家族，愿迎请我的大伯索观瀛到卓克基继任土司职。我"大老爷"索代兴当时认同了这一计划，把儿子索观瀛送到卓克基，担任卓克基土司职位，瓦寺土司的位子便让给了他的弟弟索代赓。

1914年，索观瀛前往卓克基继任卓克基土司位。在卓克基土司官寨，由其舅白苏巴格西辅导藏文。之后，索观瀛又到成都读书，1916年返回卓克基土司官寨。索观瀛从小在涂禹山瓦寺土司官寨读私塾，后来又到成都读书，他读汉书、讲汉语、习汉字，到卓克基后又开始学习藏文。索观瀛思想进步，十分重视发展民族文化，注重加强民族友谊，改造农业，引进商业。他注重宗教发展，特意将西藏三大寺之一甘丹寺博学广闻、德高望重的堪布劳让金巴请回马尔康担任马尔康寺住持。索观瀛担任卓克基土司后先后娶有五个妻子：第一任妻子是绰斯甲第四十世土司哈旺的女儿珍莫尼纤，第二任妻子是绰斯甲土舍伦布之女旺谦，第三任妻子是查北柯布头人的太太扎西木措（柯玉霞），第四任妻子是官淑珍，第五任妻子是党坝土妇三郎王姆。索观瀛有两个儿子，

卓克基土司索观瀛（摄于20世纪30年代）

大儿子索国钢，藏名石旦巴日迦木产，由珍莫尼纤生于1918年，出家为僧，病故于1949年。二儿子索国坤，藏名泽旺彭措，生于1923年。索国坤于1945年继任卓克基土司职，并娶黑水头人苏永和之女扎西·达尔初为妻子。民国年间，卓克基土司辖区有卓克基十寨、四大坝十寨、查布十寨和草地帐户六寨等共三十六寨，三千余户。

我们一大早就备了哈达及薄礼数包，登上六层楼的土司衙门，先由大头人引导，到三层楼的客室中坐下。室中陈设有弥陀榻、太师椅、茶几、对联、照片及自鸣钟等，布置得很整齐，完全和汉人一样。

土司索囊策林（汉名索海寰，号观瀛），在头人禀报以后，就穿了牛皮靴、大领衣出来见客。他是一个三十许的人，头上还盘有一条发辫，同时他有一双大而突出的眼睛。我们的谈话并不要索囊仁清做翻译，因为索土司能讲很流利的官话。他真是一个漂亮的土司！

我给他照相时，他改穿金丝龙缎的大领衣，换上狐皮帽，腰间挂上嵌有珊瑚的宝刀和金镶打火盒，端坐在铺着虎皮的太师椅上，他的威容真和皇帝一般……

索土司并不是卓克基的人，他是汶川瓦寺土司索代兴的儿子。因为卓克基的前土司阿尔克图绝嗣，所以招他来承继，同时并招绰斯甲土司纳旺勒尔乌之女为养女，配予索土司为妻，生了一个儿子就死了。后来又续弦绰斯甲峨日土司的女子为妻，亦生一子。

因为他生长在汶川，所以渐染汉人的习俗很深，不但能讲汉语，并且能通汉文。他办事的手段和思想，也比其他的土司灵活而老练。当然他在四土之中，是一位土司的领袖了。他和屯署的感情很好，也都是因为语言和文字没有隔阂的缘故。[1]

索观瀛于1945年将土司职位移交给儿子索国坤。1946年，索观瀛娶

---

[1] 庄学本：《羌戎考察记》，四川民族出版社，2007年版，第159页。引文第二段中索观瀛的字、号记反了，应为名观瀛，号海寰。——整理者注。

党坝土妇三郎王姆为妻，入赘党坝，一直住在位于尕兰的党坝土司官寨，直至1950年。1950年10月，茂县专署组织工作团，由副专员张承武率领，进入四土地区开展工作。"四土"是对梭磨、卓克基、松岗、党坝四个土司属地的简称。1950年11月，索观瀛被任命为川西人民政府委员。12月，四土成立临时工作委员会时，索观瀛任副主席。1951年8月，人民解放军进驻卓克基，马尔康和平解放。9月8日，马尔康成立"四土阿坝绰斯甲临时军政委员会"，索观瀛任副主任。1952年1月，索观瀛赴北京参观。同年7月，人民解放军进军黑水，解放初期索观瀛积极参与到协助中国人民解放军解放川西的工作中，例如1952年我就陪同大伯索观瀛到黑水去做争取苏永和的工作。当时，索观瀛随天宝带领民族工作队进入黑水，协助解放军开展工作。9月，索观瀛被任命为四川省人民政府委员和省民族事务委员会副主任，1953年年底成立四川省藏族自治区时索观瀛被选为自治区的副主席。1953年3月，我陪同大伯索观瀛随天宝进入阿坝，参与争取阿坝大土官华尔功臣烈然布丹的工作。1954年，索观瀛作为代表参加四川省第一届人民代表大会，成为四川省第一届人民代表大会第一次会议藏族自治区代表团成员之一。1954年7月，在第二届自治区人代会上，索观瀛被选为全国人大代表，同时任全国政协委员；9月，在第一届全国人民代表大会上，他被选为国务院民族事务委员会委员；11月，他由北京返回四川。1955年2月，索观瀛在第二届省人代会上被选为省人民委员会委员。同年底，阿坝藏族自治州成立，他任副州长兼经济处处长。1958年，在社会主义献金运动和四土民主改革中，索观瀛主动捐献黄金六百多两以及若干珠宝。1967年11月，索观瀛因患脑溢血医治无效，病逝于阿坝州人民医院，时年67岁。

索观涛

我的幺嬢索观涛1926年生于瓦寺土司家，父亲是第二十三世土司索代赓，母亲索璋。索观涛是我父亲索观沄的幺妹，卓克基土司索观瀛的堂妹，大家都称索观涛为幺小姐。她比我大六岁。我们一起在涂禹山瓦寺土司官寨生活，一起玩耍，一起读书，她对我一直都很照顾。1940

华尔功臣烈然布丹（前排左一）、索观涛（前排左三）、索观瀛（前排左四）、苏永和（前排右一），赞拉·阿旺措成（后排右一）提供。

年，索观涛十四岁时以第二名的成绩考上灌县女子中学后，离开了涂禹山。那时少数民族上层人士送子女到外地读书，大多送的是男孩，送女孩去外地读书的很少。当时交通不便，从涂禹山到灌县要走两天，途中都是住小客栈，她一年中要往返于涂禹山和灌县之间数趟。她懂汉文，识汉字，我的祖母即她的母亲索璋还教她做女红，她学会了绣花、做枕头、做门帘和绣花鞋等。她精明开朗，善于接受新鲜事物。1946年，她二十一岁时由母亲包办婚事嫁给理番县下孟屯守备沙道刚。沙道刚是解放初期第一批被争取团结靠拢政府和人民的少数民族上层人物之一。沙道刚生于1923年，藏名泽旺（ཚེ་དབང་），他的前妻是索观涛姑家的表姐高琼英，高琼英是索代赛之妹索黛玉之女。高琼英去世后，沙道刚娶索观涛。解放后，索观涛担任薛城区副区长。当年索观涛还给索观瀛写信，积极鼓励索观瀛向共产党靠拢。1951年，索观涛参加川西少数民族参观团任副团长，在重庆受到贺龙的接见。在重庆时，邓小平设宴招待川西少数民族参观团的成员，会上，邓小平出席会议并发表讲话，还为索观涛题词："各民族大团结万岁！"1952年，她在中央民族学院学习十个月，1953年回到家乡后担任理县妇联副主任，1954年调阿坝州妇联任副主任。1954年，索观涛作为代表参加四川省第一届人民代表大会，成为四川省第一届人民代表大会第一次会议藏族自治区代表团成员之一。索观涛从事妇女工作三十余年，20世纪90年代调阿坝州政协任副主席。她是第一届至第五届四川省人大代表，先后担任第六届至第九届全国人大代表。"文化大革命"时，由于出生于土司之家受到冲击，工资被扣发，只有极少的生活费，后被下放到下孟参加劳动，幸运的是得到当地群众的许多关照。粉碎"四人帮"后，落实了政策，补发了工资。索观涛2003年退休后在都江堰居住。2008年"5·12"汶川特大地震后，她搬至温江居住。索观涛一直是非党人士的代表，加入中国共产党是索观涛多年的心愿，她退休后在都江堰入党，实现了自己的愿望。

索观涛（摄于20世纪50年代）

索观涛（摄于2017年11月）

索国光赠索观涛照片,1950年摄。

索国光赠索观涛照片,1956年摄于北京农业大学(索观涛提供)。

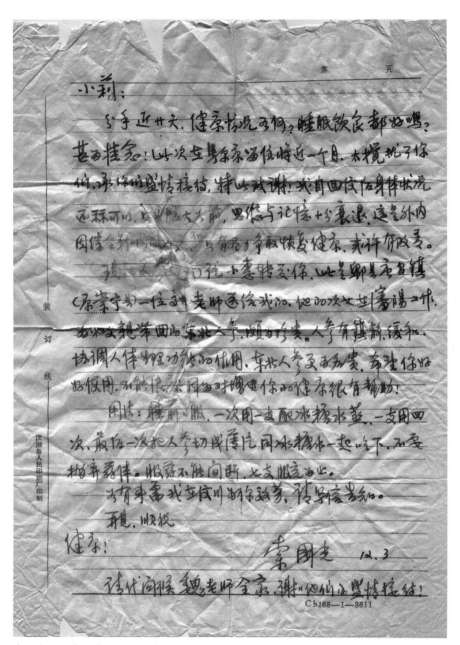

索国光写给索观涛儿媳魏晓莉女士的信（魏晓莉提供）。

第三章　青年时代

飞沙塔（西德尼·戴维·甘博摄于1917年，原照存于美国杜克大学）

在崇庆县的时光

1944年9月，我到崇庆县上中学。记得我们联系崇庆县校方的时候，招生时间已过，榜也已经发过了，我姨夫认识学校的校长，说明我是边区的学生，希望能够照顾入学，学校同意了姨夫的请求，答应我到崇庆县立中学初中三十八班乙组上学。我在进校前参加补考，由于当时统考已经过了，我属于插班生补考，和我一起参加插班生考试的学生有几个，我都不认识，都是各年级的插班生，我就读的班有60余人。在初中第一、二学期时，年级分甲、乙等班，到了第三学期就合班，我们班合班后我记得有一百一十三名学生。学校里都是男生，当时男女生不在一个学校上学，女生有单独的女子中学。每个班都要选一位同学任班长，负责传达学校的有关要求，例如打扫卫生等。当时服装统一，初中生穿童子军服装，红色的，戴领带；高中穿当时的麻布制服，绑腿，戴皮带，学生都不喜欢穿那种衣服。在崇庆县学习期间，考虑到学校条件差，不太方便，家里安排我住在姨妈家，从姨妈家到学校来回要走近两华里路。在学校里，早上八点上课，上四节课；下午两点上课，上两节课；下午大约五点过，全校学生要参加降旗仪式，之后才能离校。住校生要参加每天早上的升旗仪式，走读生不用参加。学校每个星期的第一节课搞纪念周活动，校长要讲话。对学生的奖惩采用记功、记过的办法，记功的效果在第二学期的学费上体现，但数额很少，例如两学期中我的语文成绩考了全班第一名，一次奖励三元钱，两次六

与崇庆县立中学的同学在一起（前排左二，1946年）

元，六元可以买两张草纸。到了高中的时候，期终考试的前三名有奖励，我曾得了一次第三名，当时奖励的钱可以买一件汗衫。初一、初二的时候，我们学习的科目有国文、算术、动物学、植物学、历史、地理、英语、音乐、体育、童子军、公民等。国文中要涉及文言文、古典文学等内容。音乐课的第一节课就开始教学生校歌等，高中会涉及五线谱知识等，但当时不太重视音乐、体育等课，普遍都称这类科目为"豆芽科目"。童子军科目主要培养学生野外生存的技巧等。公民课是当时国民党的政治课，主要讲三民主义等。初三就开始学习物理、化学，童子军课和公民课一个星期只有一节，这两门课考试不及格就要降班，每次考试都由学校统一出题。在初中学习期间，我的国文不错，数学成绩不是很好。英语方面，当时的老师不会把英语语法和汉语语法进行比较教学，就单一地讲单词、课文，我觉得很枯燥，没兴趣，所以成绩也不太理想。后来在读大学期间，学校开设有英语和俄语课，我就选择俄语。高中时期，学校安排军事教官给学生进行军事训练。

平常中午如果姨妈有事，她就会给我点零钱，让我在学校附近的馆子里吃饭，我也可以在学校的食堂买饭。崇庆县立中学是当时的公立学校，每个学生一学期的学费是三斗或四斗米，如果再加两斗米的话，学生每天中午就可以在学校的食堂里吃饭。在学校里，像我这样的外地生不多，学校百分之八九十的学生都是崇庆县当地人，从汶川出来的只有我，其他还有温江、大邑等地部分学生。当时由于父亲已经过世，每学期母亲都把我需要的东西送到姨妈家。我当时很节约，很少在馆子里吃炒菜，一般情况下都吃些很简单的小吃，比如一碗面或糍粑，吃饱就行了，当时就知道节约。我在崇庆县读书觉得有以下收获：第一，出门在外，我学会了节约，夏天就穿草鞋，冬天穿布鞋，从来没有穿过皮鞋。第二，学会了自理，自己的事情自己做，自己动手，不依靠他人。第三，学校风气好，要求学生对人要厚道、有礼貌，我觉得这些对我以后的成长起到了积极的作用。

在崇庆县的第一年过农历新年春节，我没有回汶川，因为当时到汶川需要步行三天，路上又有可能遭遇劫匪。我在姨妈家过年，家里也没有派人来。当时的学校也像现在放寒假和暑假，没有长短的差别，寒假和暑假都放一个月。

我在崇庆县中学读书时，班里有位同学叫刘学儒，崇庆县人，个子不高，成绩中等。记得进校那天，老师让我们排队，以个子高矮决定座位，矮的同学坐在前面，他排在第一位。后来我们成为好朋友，中午经常在一起吃饭。中华人民共和国成立后，他在泸州地质机关工作，后来退休在家。还有位同学叫仁成章，崇庆县人，语文成绩好，前几年在内蒙古包头去世。李少成，曾经在内蒙古土地利用局工作，后来听其他同学讲，他在内蒙古去世了。初中的很多同学我们现在还有联系，每年的年初我们都会在一起开同学会，大家聚在一起，互相交流和了解近期情况，都很开心。我每年都会积极参加同学会，到时候看见又少了个别同学，心里不免感到伤心。在学校里有位语文老师叫周季文，对我特别好，经常认真辅导我，为我解答不懂的问题。他对学生很严格，在他手上很难考高分。记得有次语文考试是写一篇题目为《忆故人》的记叙文，老师给了我九十分的高分，还把我的作文拿到班上宣读，这对我的触动很大。初中期间，我的语文成绩一直很好。听说中华人民共和国成立后，周老师只教过一学期的课，因为学校认为他思想陈旧，不能胜任新时期的教育工作，因而将他辞退。

甫澄中学

我在崇庆县立中学读了四学期，第二、三学期得了第一名，第四学期放松了学习，觉得功课应付就行了，不太认真读书，成绩一下排到第四名之后，后来就失去了在崇庆县立中学继续读书的兴趣。当时成都甫澄中学的环境、教学体制都很好，我就准备转到成都。甫澄中学是私立学校，学校的学费比崇庆县立中学高了很多，一学期要交学费一担米，加上生活费需大米约一担二斗。该校分甲、乙组，我在乙组。由于转学到了新学校，有些功课例如化学，我没学过，可这里的同学已经学过了，数学有些内容也没学过，所以学习了几个月后我对学习又失去了兴趣和信心，也不想再继续我的学业，而想休学回家。

与甫澄中学的同学在一起（后排左一，1948年）

　　我离开学校到涂禹山老家，不想做任何事情，就在家里玩，家里让我上学我也不听。就这样，在家玩了一年。1947年年底，在家玩了一年以后，自己认为还是应该读书，不能就这样荒废，于是又到甫澄中学，以备取生（当时学校招生都有名额，以高分录取，被录取学生不来就空出了名额，可以依照考试成绩继续补招学生）的形式被录取。于是，1948年我回到甫澄中学读高中，再次进入学校的我，对学习的态度有了明显改变，再也不马虎，而是认真地完成所有学业，期终考试我得了全班第三名。学校为了鼓励学生，向优秀学生颁发奖学金，我记得我拿着得到的奖学金，买了件黄色的汗衫。就读甫澄中学期间，我在学校住校，每学年开学家里就把所有的学费和住校费交了。平时的零用钱由家里方便的时候带来，家里专门来学校看我的时候很少。高中期间学习的科目有数学（代数、几何、三角）、国语、公民、音乐、图画等。高中在甫澄中学读两年后，1950年四川解放，我离开成都回到涂禹山。1950年秋天，我又返回甫澄中学，在这里读了半学期。解放后甫澄中学的学生明显减少，并且当时男女生合在一起学习，一个班大约二十个学生。当时还允许私立学校存在，但课程中将国文改成了语文，历史也只讲近代史，我在甫澄中学学了半学期后又回到了汶川。在此期间，我认识了一位印象较深的女性，当时大家认为我们是在耍朋友，现在想起来其实是同学中比较要好的朋友而已。她的母亲是小金人，嫁给灌县一家姓杨的人，她希望和我耍朋友，但考虑到我们都还是学生，以后要做的事情还很多，不宜过早谈朋友，所以就没有正式谈，但我认为还是可以接触着，所以又比其他同学走得近一些。毕业后她到了青海，给我来过一封信，但是我没有回信，就这样失去了联系。

涂禹山上的转经筒（西德尼·戴维·甘博摄于1917年，原照存于美国杜克大学）

第四章　从瓦寺土司到国家干部

羌寨（西德尼·戴维·甘博摄于1917年，原照存于美国杜克大学）

亲历解放

四川解放时我正在成都读高中四学期。我参加了在成都人民公园举行的欢迎解放军仪式以及元旦庆祝大会。学校解散后我回到涂禹山官寨。1950年正月十五这一天，工作组一位叫张俊贤的同志来涂禹山官寨找我，向我宣传中国共产党和中国人民解放军的政策等。按照涂禹山的传统，正月十六瓦寺土司管辖范围的总管、寨首和部分老百姓要到涂禹山来拜年。当时的老百姓由于不了解新政府和人民解放军，因此大部分都比较害怕和畏惧。我因为在成都经历了解放的过程，参加了迎接解放军的活动，对人民政府和解放军有了一定的了解，因此，希望工作组能够对老百姓加强宣传和教育。我积极向张俊贤建议次日再到涂禹山来给老百姓做宣传工作，向老百姓介绍新政府的政策和解放军的政策。张俊贤并没有直接答复，他说回去商量一下。当晚，我和家里人写好了欢迎标语，早上天刚亮，我们就忙着熬糨糊，贴标语。我们吃过早饭后就有人传话，说解放军和县上的领导已经到达涂禹山官寨的大门口。我马上带人到门口迎接。来者除张俊贤外，还有汶川县副县长宫善继、公安局局长李克，以及一个排的解放军战士。当时他们给我送了一条纸烟和一些本地的点心，我说这些东西我也不需要。然后我对他们说，我和各寨首商量一下，征得同意后，希望他们在寨首会上讲个话，宣传一下政策。在会上，我把纸烟发给老百姓。当时宫县长用外省话发言，寨首们听不懂，我又用四川话进行讲解。会后我邀请工作组的同志留下吃饭，

屋顶上的煨桑炉（西德尼·戴维·甘博，1917年摄于涂禹山，原照存于美国杜克大学）

我们吃的是玉米和豆腐肉菜汤，离开时工作组执意留下饭钱。这样，我们就和解放军联系上了。临走时，他们留下了"三大纪律、八项注意"的标语，让我们贴出来。

不久汶川县也正式设立。后来一位解放军团长来找我，说为了方便联系，给我安装一台电话，确实也安装了。大约十天以后，我与汶川县新来的李安驿县长联系上了。了解到当时解放军缺粮的情况后，我积极想办法解决解放军的困难，为解放军筹粮。记得当时李安驿给我的来信中这样写道："此种革命热情，我们非常钦佩。"当时，我是第一次听到"革命热情"这样的说法，听得还不是很明白。一次，我应邀来到李县长的住处，当时他正在给学校的教师讲课。他热情欢迎我的到来，并请通讯员为我炒了两道菜。李县长告诉我，想让我担任三区的副区长。当时我认为，共产党对区长的要求应该很高，要会写，熟悉公文写作，我怕不能胜任工作，就回答我还年轻，希望继续深造，暂时不愿意担任这个职务。他也没有勉强我，我又回到成都读书。1950年国庆期间，当我回到汶川时，听说三区副区长的位置还留着。当时，我参加了在汶川县召开的各族各界座谈会。在这次会上，大家提名我担任三区副区长，经过参会代表的表决，我于1950年10月18日正式当选为三区副区长。随后，我到茂县专区参加少数民族军政培训班第二期的培训。解放前，茂县称为茂州。在茂县学习两个月后，我到三江任副区长。我在三江任副区长共十一天，在这期间，主要是宣传党的政策，发动老百姓开荒种地。当时有生荒五年、熟荒三年不上粮的政策。起初，老百姓以为不给土司上粮，后来得知不给政府上粮后便有了开荒种地的积极性。大家把枪把改成了锄头，积极开荒种地，互相攀比开荒的面积。不久，我参加少数民族参观团到北京参观，在从北京返回四川途中，再次接到了参加少数民族参观团的通知。

参加第一批少数民族参观团

因为接到参加少数民族参观团的通知，我便于担任三江乡副区长十一天后离开三江。我到茂县与其他成员汇合，停留几天后随代表团步行几天到达灌县。在灌县参观了两天，然后乘坐汽车到成都。在成都时，西南民族学院院长王维舟等领导接见了我们。随后，我们来到重庆，参观了几天。参观团准备返回时，听说国家创办了中央民族学院，同时我也接到了赴北京中央民族学院学习的通知。我很想继续深造，非常高兴有继续学习的机会，便积极前往。当时到北京要乘坐轮船，轮船是不定期的。记得我们中午上船，经涪陵到达宜昌，休整一天后，换成大船，到达武汉。在武汉休息一夜后，就乘坐火车到北京。

到达北京的时候已经是1951年4月中旬，当时中央民族学院刚成立，新校区正在建设中，我们暂时被安排在过去国民政府时期的蒙藏委员会办公场所学习。我们到达那里时，随处可以看见蒙藏委员会的文件。中央民族学院的牌子还没有挂出来。来自川西今阿坝州，和我一起到中央民族学院学习的还有杨海龙、昌定安和马兴元。到达中央民族学院后，大家在一起学习中国共产党的民族理论、民族政策等。学校根据学生的实际情况将全体学生分为三个班，第一班是汉文水平高的班，第二班是汉文水平中等的班，第三班是完全没有汉语基础的少数民族班。在每个班中又分了不少组，我和理县的昌定安、马兴元被分在二班，但是没有在一个组。当时称为"少数民族军政干部训练班"。我所在的组有八个人，有藏族、蒙古族、回族等多个民族。学习内容有中国革命发展史、社会发展史、民族政策、军事知识、卫生知识等。我们在北京学习大约十个月后，学校的新校园建成，我们迁到新校区。当时正在开展"三反"运动，"三反"运动是解放初期在中国共产党和国家机关内部开展的反贪污、反浪费、反官僚主义的运动。这次运动对我来说印象特别深，对人的教育很彻底，"三反"运动提倡人人清正廉洁，公私分明。在办公过程中，只要是公用财产，连一张纸、一个信封也不会私用。当时提倡艰苦奋斗、大公无私的精神，这些都给我在后来的工作中严格要求自己打下了良好的基础。后来"三反"运动还没有彻底结束时，我们就离开了学校。我于1952年返回四川，回到汶川后担任汶川县教育科科长。同年，索观瀛从北京参观回到重庆，根据组织要求，他计划到黑水做黑水头人苏永和（多吉巴桑 རྡོ་རྗེ་དཔལ་བཟང）的工作。索观瀛是我的长辈，他积极推荐我与他同行，到黑水参加争取苏永和的工作。

到黑水和阿坝开展工作

作为瓦寺土司的后人，与我的祖辈不同，我并没有参加过轰轰烈烈的战争，也不会耍枪弄剑。但是，解放初期，我曾经参加工作组，积极投入到帮助中国共产党争取少数民族上层人士的工作中，我是用我的笔杆子参加革命。解放初期，黑水政局不稳，由于当时造成的影响大，国家采取措施的力度也相当大，四川动员了很多地方的人，例如除今阿坝州外，还从川北、绵阳、温江等地区增援兵力，骑兵主要来自西北地方。1952年8月，少数民族工作队由天宝同志带队，成员中有索观瀛，我按大伯索观瀛的要求，在征得汶川县领导的同意后参加了工作组。我们主要负责对少数民族的教育、协调、翻译工作，以及协助解放军开展争取苏永和及黑水的寨首、头人的工作。接到通知后，我们马上动身，从汶川前往马尔康。当时还没有公路，沿途走山间马道，或骑马，或步行，要走十几天，经常是走到哪里天黑就在哪里歇。在马尔康短暂停留，军政领导对这次到黑水进行简单安排部署后，我们从马尔康出发，翻越马河坝山直奔黑水。由于走得匆忙，印章都是我们临时制作的，制作印章的是林向荣，他来自卓克基，是工作组的翻译。林向荣后来在中央民族学院学习，研究语言学，成为阿坝州师范专科学校的一名教授。我随大伯索观瀛到黑水去做争取黑水头人苏永和的工作，说实话，我和大伯都不愿意参加这一工作，因为大伯的叔父、我的祖父索代赓就是在黑水被黑水人杀的，所以索观瀛说过这样的话："我的叔父索代赓是在黑水被杀的，以我的个人感情，我不愿去黑水，但是按照政府对我的希望，为救苏永和本人和黑水同胞，我愿意赴汤蹈火，去努力做好争取苏永和的工作。"我当时的想法也同大伯的想法是一样的，我的祖父索代赓是在黑水被杀的，我并不情愿到黑水帮助做苏永和的工作，但是，当时想到既然人民政府有这样的需要，大伯也积极鼓励我参与到工作组来，因此我抛弃私念，毅然加入工作组，奔赴黑水去做争取上层人士的工作。通过中国人民解放军部队以及工作组的共同努力，我们成功地将苏永和争取了过来。

苏永和，黑水头人之一，生于清宣统元年（1909年），藏名多吉巴桑，蒋介石为其取汉名为苏永和。1919年至1927年，黑水内部发生战乱，苏永和在战乱后期初露锋芒。1923年，苏永和继任麻窝头人位后与龙坝头人俄斯密结婚；1933年，娶顿珠卓玛（དོན་འགྲུབ་སྒྲོལ་མ 高丽华）为妻；1937年，娶松潘牦牛沟[1]土官陈仁青遗孀录歌为妻；1940年，将女儿扎西·达尔初嫁给卓克基土司索观瀛之子索国坤；1941年，将长子苏家邦派往夹壁担任头人，苏家邦娶米亚罗头人苍旺之妹高爱民为妻；1942年将侄子苏希圣（མགོན་པོ་ཚེ་རབ་རྒྱལ）派往松岗担任清乡乡长，后成为松岗土司。民国年间，他的势力范围已扩张至黑水大部分地区，以及四

---

[1] 今牟尼沟。

苏永和（1953年摄
于马尔康，登德旺
志提供）

土[1]部分地区。

　　头人[2]坐在木炕上，一群打官司的人将随身的腰刀、步枪在门外便
卸下交与旁人代管。然后由管家领着，托着送礼的盘子进来。盘内放着
一个南瓜，一个大蒸馍，两斤多猪膘，另外一个背筐，里边盛了半筐洋
芋。除此之外还有三两银子的诉讼费，一两归头人，一两归管家，一两

---

[1] 四土，指梭磨、卓克基、松岗、党坝四土司。
[2] 指苏永和。

归跑脚的人。但钱的数目同礼一样是不定规的，贫穷人家可以比这个数目少，有钱之家更可数倍增加。给头人的钱有时放在盘子里一并呈进，有时交到管家手里，请管家送去并代为先容。因为见头人必先经过管家，因此对管家也是必有一份礼物的。他们把礼物陈在地上，然后退到墙根，蜷在那里，取下帽子，解开盘在头上的发辫拉到旁边，一面用右手掩头，一面嗫嗫告诉，显得不胜恐慌的样子。听众们有的坐在墙边，有的侍立在头人的近侧。西北来卖珊瑚布匹的商人们则徘徊在头人的面前。头人似乎并不注意倾听诉讼人的诉说，不时左顾右盼，有时逗着看妈抱来的孩子玩耍。可是他见诉讼人那种不胜恐慌的样子，等他说到一段落时，便借机哈哈大笑起来。因为他的笑，满屋同时哄然大笑起来。趁着空气松动，他便命娃子拿出咂酒来赐于告状的人，用这种方式缓和他们恐慌而紧张的心理，同时使他们感到头人和悦可亲。太太曾对我说："我们黑水的事情难办，有的人对我们是这样（说时两手掌相合），有的人对我们还是这样（手背相对）。"本来苏永和不过是黑水头人之一，他利用时机，抓住了全区的治，在统一之初，自然有许多人还在怀念着他们的旧头人。苏永和能给他们咂酒喝，能向他们——并同他们一起哈哈大笑，这大概是他能统率黑水的最大原因了。告状人咂酒入口之后，脸色顿时泛出红晕，心弦的跳动变得舒畅而和谐，原来嗫嗫哭诉的，变成了悠闲的谈心；原来蜷缩在墙角的，慢慢变成跏趺盘坐了。头人如此可亲，百姓们感激英明，只好用银钱来表示。一段公案谈完之后，其中之一人立刻走到头人跟前双手献上五十两的一个元宝，但头人笑拒了。边民头人当中，苏永和实在有他独特的作风。[1]

工作组把苏永和争取出来那天，我也随同工作组的同志来到苏永和家。当时苏永和及夫人，还有其兄长贡让都在黑水，黑水战役平息，我们也算完成了任务，我随工作组回到马尔康。在马尔康，我们欢度了1952年10月的国庆节。我们在马尔康过完国庆节后，州里又通知我们下

---

[1] 李安宅、于式玉：《李安宅、于式玉藏学文论选》，中国藏学出版社，2002年版，第478页。

一步准备到阿坝县去做阿坝麦桑大土官华尔功臣烈然布丹的争取工作。苏永和曾先后担任四川省政协第一届委员会常务委员会委员、四川省人民代表大会代表、四川省人民委员会委员、四川省政协第四届委员会常务委员会委员。

华尔功臣烈然布丹（ཅེ་ཨུ་དཔལ་མགོན་འཕྲིན་ལས་རབ་བརྟན），阿坝土官，生于1915年，1931年与茸贡土官二女儿扎西卓玛成婚，1932年继任麦桑土官位。民国年间，直辖中阿坝、麦尔玛、柯河，掌控麦洼、安斗、贾洛等部落以及纳摩格尔登寺管辖的七部落等。

1953年3月，前往阿坝的新工作组在马尔康成立，工作组的主要任务是争取阿坝麦桑大土官华尔功臣烈然布丹。我们在马尔康接受了去阿坝的任务后开始动身，工作组成员有天宝、索观瀛等，另有一个排的部队。工作组决定走捷径，从马尔康出发，走大郎足沟。按照出门的习惯，第一天是不走远路的，因此，第一天就住在大郎足沟。这里是索观瀛的夫人柯玉霞的家乡，当地还有座小寺庙。记得住在大郎足沟当晚，有一自称是乔寿姐孙子的小伙来看望我，给我带来一些水果。他自我介绍说，乔寿姐年轻时随出嫁到卓克基的瓦寺土司的一个女儿到的卓克基，因为我的到来，他特地来看望。我们离开大郎足沟

华尔功臣烈然布丹（摄于20世纪50年代，家人提供）

后到达大藏寺，住在大藏寺专属卓克基土司索观瀛的土司卧室。在大藏寺住了两个晚上，主要准备进入阿坝所需的马匹及物资等。离开大藏寺后，沿山梁而行，在野外搭帐篷住了一个晚上，接着到了阿坝的查理寺。记得查理寺有山有水，风景很美。我们在查理寺住了两个晚上后，直接到了华尔功臣烈然布丹的官寨所在地，今天的阿坝县城，并住在华尔功臣烈然布丹家，通过工作组耐心细致的工作和努力，争取华尔功臣烈然布丹的工作取得成功。当时政府任命他担任自治区区委副主席，据说，他在寺庙里打卦的结果是当年不能出门。工作组尊重他的意见，他便派其妹妹和他的带兵官特尔多与我们同行。争取苏永和的工作和争取华尔功臣烈然布丹的工作都取得了成功，通过参加争取上层民主人士的这两次工作，我进一步了解了中国共产党的民族政策，也亲自体会到了民族工作的重要性。正是通过工作组耐心细致的工作，才使苏永和、华尔功臣烈然布丹等少数民族上层人士了解了中国共产党的民族政策，让他们明白解放是大势所趋，也因此避免了更多人员的伤亡。解放后华尔功臣烈然布丹先后担任四土、阿坝临时军政委员会副主席，四川省藏族自治区人民政府副主席，阿坝藏族自治州副州长，四川省第三届政协副主席，第一至第三届全国人大代表，四川省第三届政协副主席等职务。

参加四川省藏族自治区成立大会

1953年，我们离开阿坝县，经红原县龙日坝、理县，到茂县参加四川省藏族自治区成立大会。当时正值1953年的元旦，举办的活动很热闹，在茂县参加三天的活动后，我们一行接到通知，政府让我们赶到成都参加四川省民族事务委员会成立大会。会后，我回到汶川县，开始在文教科上班。当时我觉得自己没学到什么东西，什么都不会做，才20岁，应该再加强学习，于是我把自己想进一步深造的想法告诉了天宝同志，得到同意后，1953年11月我再次到北京中央民族学院预科学习。这次我到北京是在高中班里复习，准备参加第二年的大学统考。当时和我

与中央民族学院预科班的同学在一起（后排左二，1953年）

同班读高中的都是来自全国各地的少数民族学生，有来自内蒙古的同学，有维吾尔族、朝鲜族同学，大部分同学都能熟练地掌握自己本民族的语言文字，但汉文水平较低，相比之下，由于我从小就在内地读书，汉文水平算是高的。经过半年多的集中复习，1954年秋天，我在北京参加了全国统考。我至今都记得当时的作文题目《我是怎样选择升学志愿的》。1954年，通过自己的努力，我考上了北京农业大学，并在大学里学习了四年。报考专业的时候家乡阿坝州还很落后，而我曾在阿坝州的《岷山报》上看到有文章介绍阿坝州可供发展畜牧业的土地面积广大、牲畜数量众多，但是缺乏这一方面的专业人才，于是我认为畜牧业在我们州这么重要，外地来这么多人支援我们，那我为什么不积极去学习畜牧知识，今后从事畜牧工作呢？所以自愿申报畜牧专业，最后我被北京农业大学录取，学习畜牧专业。我在学习期间，心里常常憧憬今后将要从事的工作情景：就如同当时电影里放映的内蒙古大草原，在蓝蓝的天

康猫河（梭磨河，摄于1908年，原照存于英国皇家地理学会）

空下，在辽阔的大草原上，遍地都是牛羊，我就在这样的环境里从事畜牧兽医工作。每天身背医疗包，深入基层，为广大农牧民群众服务。当时内地报考工学专业的学生很多，像我这样报考农学专业的很少。

大学期间我非常节约，为了节约路费，大学四年中，暑假和寒假我都没有回过四川。转眼我在北京农业大学度过了四个春秋，当时因为四川有四川农业大学，因此北京农业大学毕业的学生没有分配到四川的名额，但我主动要求回到四川，报到的地点在四川高教局。到了高教局，他们通知我到四川省农业厅报到。我到省农业厅报到后，向农业厅领导报告了我的情况，并提出自己愿意回到民族地区工作，为家乡建设服务。1958年，我回到了川西北今阿坝州，当时阿坝州正筹备成立畜牧兽医研究所，办公地点设在刷经寺，于是，我于1958年12月12日被分配到位于阿坝州刷经寺的州畜牧兽医研究所兽医站。在那里工作期间，正值"大跃进"时期，刷经寺建了一个养猪厂，我被分配到那里养猪。国家配给青稞，其他的物质条件很差。刷经寺海拔3300米，可以说那里的气候等各方面条件根本不适合大量养猪。有十几头猪是从内江、自贡等地买来的，当时要求我们培养新的品种，动物培养新品种比植物培养新品种要难得多，比如培养牛的新品种大约需要十年，培养猪的新品种比牛少点，也需要大约七年的时间。按照当时的条件和环境，要培养新的猪品种很难。1959年，连现有的猪都死完了。不久，州畜牧兽医研究所的内部机构也相应缩小。1960年1月，我被调到松潘县兽防站，记得当时我收拾好我的被子、洗脸盆等行李，州里安排了一头牲口来驮行李。我从刷经寺出发到汶川可以坐汽车，需要两天，汶川到茂县可以坐马车，需要一天，茂县到松潘只能走路。由于自己是第一次到松潘，不认识路，就找同路的人一起走。第一天只走了二十华里路，第二天在途中休整，第三天走到镇江关，第四天走到安宏，再从安宏到松潘。当时走路要赶站口，如果把站口赶过了，路上就找不到东西吃。

1960年1月15日，我到达了松潘。我到松潘以前州里就有在松潘搞好畜牧兽医工作的想法，并把我们州的畜牧兽医专家张允乐派到了松潘。那时每个区都设有一个畜牧兽医站，我被分配到镇江关，住在兽防站，每天要做的事情就是给农民家里饲养的牲畜打预防针，或者有什么小毛病就医，出现大的毛病就往县上报。我在松潘工作五年后"文化大革命"开始了。"文化大革命"期间，人民公社的牲畜管理不善。过去农户都是自己在家分散饲养，"文化大革命"期间把几百头羊放在一起饲养，又很少考虑到圈舍改进和饲养方式改进，每年三四月份的时候羊就大量死亡。

松潘（欧内斯特·亨利·威尔逊摄于1908年，原照存于美国哈佛大学）

涂禹山上的牌坊（西德尼·戴维·甘博摄于1917年，原照存于美国杜克大学）

第五章　动乱年代及退休生活

茂州（西德尼·戴维·甘博摄于1917年，原照存于美国杜克大学）

　　记得1965年年底，我到成都看见街上有游行的队伍，大概过了半年，松潘的学生也开始搞游街，当时觉得"文化大革命"的运动和以前的运动不太一样，以前的运动都是从上往下开展的，但"文化大革命"就觉得是从下往上搞，好多时候是学生或者农民把老师和领导抓出来批斗。不久我和政协的喇嘛、活佛一起被关进机关大院里，一个从农专毕业的资中人负责管理我们，后来有人说他思想保守就开除了他。当时他把我们管得很紧，每天早上把我们赶出门，晚上才回来，整天在街上游街。"文化大革命"刚开始时我们有二十余人，后来剩下十余人。记得有一天，他半夜让人打开大门，喊我们全部起床，并训斥我们，说第二天就要把我们赶到乡下去。第二天，他让我们各自写好牌子，挂在颈上游街。由于当时这样游街的比较多，所以街上也没有人看。我们游完街后，次日他就把我们分散到各地和贫下中农同吃同住。我被分到仓坪生产大队十字路口半山上。我住的那户人家成份是地主。听说他当时在金川劳教，所以他家房子是空的，就让我住在那里。那里条件算好的，床和其他常用的家具都有。我从下放那天起就没有了工资，也没有任何人管，生活非常艰难，好在我当时身上还有690元的积蓄，就靠这点钱维持了几个月。有一天，那个资中人突然到生产队，对我说考虑到我们在农村还是辛苦，决定给我们每人一个月20元生活费，我就到县上领取了那20元。当时的农民们对我很好，虽然上面要求他们监督、批斗我，但他们没有这样对我。因为我识字，所以他们要我给他们记工分等。主人家只有一个儿子，后来他当过该村的村长，现在已经过世。我在仓坪生

岷江上的廊桥（欧内斯特·亨利·威尔逊摄于1908年，原照存于美国哈佛大学）

活了两三年。

1971年政策缓和了一些。毛主席说："打起仗来化工厂靠不住，还是要靠农民喂猪。"于是全国掀起喂猪高潮，松潘也不例外，开始喂猪了。当时就在县城河对面建了养猪场，从内江买了一批猪，县上知道我喂猪比较内行，就让我到养猪场喂猪。我们在承办养猪场的时候，教农民储存些冬季的饲料，但毕竟松潘的条件有限，要想赶上内地的养猪业水平的确很难。

"文化大革命"结束后恢复了政协，我被调到政协工作，和我一起下放到农村的很多人也回到了政协。由于"文化大革命"期间抬不起头，我的婚姻问题也受到了影响。在这期间，我不敢去爱任何人，也没有人敢爱我，在我心中，一直保存着青年时代对甫澄中学杨姓女同学的美好记忆。直到1969年我与高成芳相识，1974年经人介绍，我与高成芳成婚。她是郫县人，文化程度不高，一直没有工作，身体不好，有糖尿病。我们索家连续三代找的都是汉族，我的祖父与都江堰中心场璋家的女儿索璋结婚，父亲与温江的赵世雅结婚，我的妻子高成芳也是内地人。女儿索玛是个懂事的孩子，现在在家待业。我们一家的生活，主要靠我的退休工资维持。

我在松潘县政协待到1978年，同年松潘县成立了县志办。当时是一位叫石旦真的马尔康籍同志任松潘县委书记，他了解到我的经历和教育背景后，专门点名把我调到松潘县志办从事县志撰写工作。我到县志办后连续数年参与县志编写工作。后来我又被推荐到汶川县政协担任副主席。当时州政协副主席朱成源非常重视撰写文史资料，他积极建议撰写瓦寺土司的资料。我是瓦寺土司的后人，收藏的资料比较多，他要求我把家史写个专集出来。我考虑到自己写可能不合适，于是就把手里的所有资料拿出来请周莲仪同志执笔。他用一年的时间完成了《瓦寺土司始末》，并于1995年由汶川县政协编印为《汶川县文史资料选辑》第四辑。周莲仪同志过去在理县县委宣传部工作过，文笔好，对历史有研究。《瓦寺土司始末》出来后，我认真阅读，觉得该书比较真实，但有些地方还可以增加一些内容。我到汶川县政协任副主席后专管文史资料工作，曾主持撰写了几本文史资料专辑。从事文史资料工作最重要的是留心、认真，因为昨天发生的事情，今天就成为了我们的历史资料，你不留心，一晃就过去了，这些资料也就从你身边流失了。很多人把历史资料作为自己个人珍藏品，不愿意拿出来，这就需要我们做大量的工作，让那些拥有资料的人自觉把资料拿出来，与大家共享。西方人很早以前就特别注重资料的收集。我认为现在有部分人对文史不太理解，喜欢用现在的尺子，即现在的标准来衡量历史的东西，这就造成很多不实情况。我们记录历史资料就要追求真实，例如，过去的资料中就很难看到黄河流经阿坝州的记载，而关于黄河流经阿坝的资料大都是解放以后的记载，地理书上都很难看到。我在政协的时候，就把黄河流经阿坝州若尔盖的资料详细地收集起来。解放前曾经发生过这样一件事情，当时四川省和国民政府内政部争论，内政部说黄河不经过四川，四川省坚持说黄河流经四川。出现错误言论是因为没有调查和研究，没有了解事实，当时的中央政府官员没去过若尔盖，他们就根本没办法知道黄河的确流经四川。从事史料工作真的很不容易，但是很有意义，也能体现自我价值。这需要我们用历史的眼光来看问题，不能一知半解地去看待任何事情。我在松潘从事了几年文史工作，也曾出了些资料，当时都是出些专辑，例如教育专辑、电力专辑、医疗卫生专辑等。

退休生活

我于1992年退休，退休后兼任州政协委员和县政协委员的职务，州政协委员的职务是2003年换届时退下来的。退休后至2008年汶川"5·12"大地震之前，我一直在汶川生活，退休后我也很注意收集有关的文史资料，工作日吃完早饭后我每天都到图书馆去看书，这是我必做的一件事。在图书馆可以看到很多书籍，能够让我增长知识，还能收集到很多资料。现在有些人对史料的重要性没有足够的认识，把资料当

"5·12"汶川特大地震前在汶川县城采访索国光先生（左起：红音、索国光，2008年3月13日阿根摄）

成公文来处理，用现代的眼光看待史料，这样的话，这些珍贵的史料就失去了其应有的价值。除了坚持上图书馆，退休后我还坚持自学英语、俄语。英语和俄语我是在读大学的时候打了点基础，但是一直没有机会系统学习，"文化大革命"的十年没有人学习，更不要说学习外语了，在那个年代学习外语是要被批斗的，因此"文化大革命"十年我的外语也就荒废了。退休后我还是希望能够补一点外语知识，我积极自学。学习外语主要靠读书，有时也听磁带，没有其他学习条件和机会。在担任州政协委员期间，经常有机会参加州政协会议，我都积极建言献策。我觉得能够作为一名政协委员，是党对我的信任，那么我有责任和义务把我的工作做好。政协委员提交的提案一定要贴近基层群众的生活，要接地气。政协委员在收集提案的过程中要多听、多看、多感受。我曾经提交过不少提案，在20世纪80年代，阿坝州还主要依靠砍伐森林木材增收的"木头财政"时，我就以政协委员的身份提出要保护自然资源，不能乱砍滥伐森林木材。对于牧区牲畜超载、造成草场退化的问题，我也提出过要控制牲畜数量、保护草场的建议等。

遭遇汶川"5·12"特大地震

汶川发生"5·12"大地震前的一段时间，我的腰腿一直有些疼痛，我以为是关节病犯了，就到都江堰借住在一位朋友家。到医院检查，结果是椎间盘突出，所以我就在都江堰住院治疗十余天。"5·12"那天，我像往常一样，正在医院输液，突然随着"呜"的声音，房屋开始一阵阵晃动。我知道地震了，因为过去在松潘时经历过地震，但那些都是晃动几秒钟后就停了。这次地震我看对面的房子晃动的时间很长，就知道是特大地震。我见对面的房子不晃动了，就马上卸下输液导线，赶快跑。不一会儿，灰尘铺天盖地。我听到身边

"5·12"汶川特大地震后采访索国光先生（红音、阿根摄于2009年）

索国光先生及家人（左起：索玛、索国光、高成芳，2010年3月10日，红音、阿根摄于郫县）

有人说，肯定是太平街那里出事了。我回来看朋友家的房子，虽然没垮，但是楼顶和楼边都斜了，已经不能住了。过了一会儿，电话打不通了，电视也没有图像了，街上人心惶惶，连一瓶水也没地方买。我当时很担心家里亲人的安危。正在街上走时，突然听见有人在喊我，我一看是位家乡人，叫辉辉。她问我在这里干什么？我说我来这里看病。我说看这次地震这么厉害，房子的楼顶和楼边都是裂口，也不知道该到哪里去。她告诉我，这附近有个遂宁的老板承包的工程，很多汶川教育局的退休同志都在那里，你就到那里，我们在一起有个照应。在如此困难的时候，遇上辉辉这样的熟人相助，对我来说真是雪中送炭。我和教育系统干休所的同志们一起，住的是遂宁老板安排的板房。住在板房里，不时都能听到板房发出的"吱吱"声，知道是余震不断。遂宁老板收留的人有两百多名。虽然最初街上很难买到东西，但他还是给我们保证每顿每人有稀饭和菜吃，在五天里他还给我们安排了两次干饭。因为停水我七天没有洗过一次脸。后来听说老板因为这里的工程没有办法动工，准备到重庆去，我就和老板一起到了大邑。地震最初几天都不知道到底哪里是震中，后来可以看电视了，才知道汶川是震中，我就很担心家人，但是电视上最初一直没有汶川县城的消息。我当时心中也纳闷，为什么没有汶川的情况，过去州内像松潘地震、小金两河地震，都是因为通信、交通等原因和省、中央没法联系，现在是中央和省里都知道震中在汶川，但是汶川一直又没有消息。后来才知道是因为路被破坏了。我在都江堰住了十多天，到大邑住了三十二天，然后到崇州住了二十六天，后来听说去汶川的路通了。从崇州到汶川的路有两条，一条是从崇州出发，经过甘孜州丹巴县和阿坝州金川县、马尔康县再到汶川；另一条是从崇州出发，经过甘肃省平武县和四川阿坝州的松潘县、茂县再到汶川。我选择了经过平武的路线。经过平武时看见平武也属于灾区，路边的山和房子都有垮塌。汶川大地震两个月后，我才回到汶川与家人团聚，当时已经是7月20号。到汶川的时候才知道，我爱人和女儿由于房子已经被地震震斜了，不敢住在房子里，就和汶川的灾民一起住在坝子里。母女俩说起初都没有一把伞拿来挡雨和太阳，没有粮食吃，没有水喝，没过多久，政府的救援物资就源源不断地运到了汶川。我家位于汶川的房子由于大地震受损要拆除，所以租住在郫县太平镇农民的房子里，等待搬回汶川的新居。汶川大地震过去一年多以后，我也回汶川看过，国家的政策太好了，通过对口援建项目，共有六个省对口支援阿坝州的六个重灾县，分别是广东省援建汶川县、安徽省援建松潘县、山西省援建茂县、湖南省援建理县、江西省援建小金县、吉林省援建黑水县。我相信汶川一定会发生翻天覆地的变化。

参 考 书 目

［1］张廷玉.明史.北京：中华书局，1974.

［2］西藏研究编辑部.清实录藏族史料.拉萨：西藏人民出版社，1982.

［3］赵尔巽.清史稿.北京：中华书局，1997.

［4］大清会典事例.上海：上海古籍出版社，2002.

［5］宫中档乾隆朝奏折.台北：台北"故宫博物院"，1982.

［6］（清）陈克绳.保县志.马尔康：阿坝州地方志编纂委员会，1998.

［7］民国边政史料续编：第二十九册.北京：国家图书馆出版社，2010.

［8］祝世德.汶川县县志.马尔康：阿坝州地方志编纂委员会，1997.

［9］李锡书.汶志纪略.汶川县史志编纂委员会办公室，2004年编印。

［10］祝世德.世代忠贞之瓦寺土司.1945.

［11］（清）吴羹梅，周祚峄.理番厅志.同治五年（1866年）刻本.

［12］任乃强.康藏史地大纲.拉萨：西藏古籍出版社，2000.

［13］马长寿.马长寿民族学论集.北京：人民出版社，2003.

［14］李安宅，于式玉.李安宅、于式玉藏学文论选.北京：中国藏学出
版社，2002.

［15］庄学本.羌戎考察记.成都：四川民族出版社，2007.

［16］高文德.中国少数民族史大辞典.长春：吉林教育出版社，1995.

［17］四川省阿坝藏族羌族自治州汶川县地方志编纂委员会. 汶川县志. 北京：民族出版社，1992.

［18］中国人民政治协商会议汶川县委员会. 瓦寺土司始末. 1995.

［19］阿坝州政协文史和学习委员会. 阿坝州文史第二十六辑：金川史料专辑（上），2009.

［20］中国人民政治协商会议马尔康县委员会. 索观瀛传. 1992.

［21］欧内斯特·亨利·威尔逊. 威尔逊在阿坝. 红音，干文清，编译. 成都：四川民族出版社，2009.

［22］伊莎贝拉·伯德. 伊莎贝拉在阿坝. 红音，编译. 成都：四川民族出版社，2011.

［23］卫聚贤. 石纽探访记. 说文月刊，1940，2（6-7）.

［24］毛尔盖·桑木旦. 藏族史·齐乐明镜. 北京：民族出版社，2010.

［25］常明，杨芳灿. 四川通志. 成都：巴蜀书社，1984.

［26］Ernest H. Wilson. *China mother of gardens*. New York: BENJAMIN BLOM, INC., 1971.

［27］Isabella Lucy Bishop. *The Yangtze Valley and Beyond*. London: John Murray, 1899.

[28] W. N. Fergusson. *Adventure Sport and Travel on the Tibetan Steppes*. New York: Charles Scribner's Sons, 1911.

[29] Pierre Marie Alphonse Favier. Pékin: Histoire et description. Lille, 1900, 2.

后 记

　　2008年3月13日，距离"5·12"汶川特大地震前两个月的这一天，我们来到汶川县城干休所的一栋楼房，拜访末代瓦寺土司索国光先生。在此之前，我们早就听说了这位末代瓦寺土司，知道他经历了两个时代的变迁，从一名土司转变成了国家干部，也了解到历史上部分瓦寺土司属下的藏兵参与过抗击外敌侵略的爱国战争，并发挥过积极的作用。我们很想寻访这位末代土司，了解他的故事，探寻瓦寺土司那些渐渐远去的历史，这便是此书的缘起。

　　在那次会面中，我们见到了索国光先生和他的夫人高成芳、女儿索玛。我们向老人家提出了采访请求和计划，索国光先生欣然答应，并拿出一叠老照片为我们一一讲述照片中的人物。当天，他为我们提供了不少资料，我们的采访如期开始。两个月后，"5·12"汶川特大地震当日，索国光先生正在都江堰看病，躲过了一场灾难。大地震使索国光先生一家失去了位于汶川县城的家园。之后数年，索国光先生先后在都江堰、郫县等处暂住，直到2011年女儿在都江堰买了房子才安定下来。汶川大地震后的四年中，我们的采访因汶川大地震给索国光先生造成的不便而断断续续。通过采访，我们认识了这位谦恭的老人，听他讲述他所经历的两个不同时代的故事，他所经历的由土司到国家干部的转变，他所了解的土司制度，他所亲历的历史事件，他的学习、生活和工作经历，他的所见所闻和所思所想。

　　索国光先生于1932年8月出生在成都，为瓦寺土司家族后代，父亲索观沄是第二十四代瓦寺土司。他自少年时便接受了传统的汉文教育，曾经在瓦寺土司官寨上私塾。他也通过土司家里请的苯教僧人，了解了一些本民族的语言和文化。他先后就读于汶川小学、崇庆县立中学、成都甫澄中学、中央民族大学、中国农业大学，而后又在阿坝州畜科所、松潘县志办、汶川县政协工作。通过采访，拉近了我们与索国光老人的距离。索国光老人从小接受的是汉文教育，对自己的母语嘉绒藏语懂得不多，但是他常常试着用并不流利的嘉绒藏语方言与我们交谈。时不时在汉语中夹杂着一些藏语词汇。2014年1月2日，索国光先生在都江堰因病去世，享年82岁。

索国光先生去世后，瓦寺群众将他埋葬在涂禹山上，让他魂归故里。2017年7月22日，笔者首次来到涂禹山，走访索国光先生的家乡。涂禹山上现有50余户，约220人，其中索姓7家，王姓3家，马姓9家，张姓3家，曾姓1家，苟姓3家，刘姓3家，姜姓2家，尤姓3家，余姓1家，徐姓1家，仁姓3家，陶姓1家，杨姓3家，闫姓1家，周姓3家，吴姓2家，朱姓2家。其中一些人在绵虒、汶川县、三关庙也有住房。

在当地人张国华老人的陪同下，我们找到索国光先生讲述的下城门、上城门、老庙子、新庙子、字库、牌坊、佛塔等遗址。村寨里的百姓仍然如一百年前西方人描述的那样勤劳、热情、好客。我们找到一百年前英国植物学家欧内斯特·亨利·威尔逊拍摄涂禹山的位置，再拍了一张照片对比百年变化，四周的大山边缘能见到汶川大地震造成的滑坡的痕迹，因为退耕还林，涂禹山上的各类树木更多了，环境更美了。

2017年11月5日，笔者赴温江采访索观涛老人，她刚过了九十一岁生日。索观涛老人思维敏捷，对本书中的部分内容进行了证实，提供了五张老照片，索观涛老人的儿媳魏晓莉女士提供了索国光先生寄给她的一封信，这样我们又得以增加索国光先生的真迹。

今天我们整理出对索国光先生的采访笔记，希望以此回顾瓦寺土司的历史，了解瓦寺土司参与的维护民族尊严、抗击英帝国主义侵略中国的战争，纪念参与鸦片战争的川西藏羌远征军那段鲜为人知的历史，讲述末代瓦寺土司索国光由土司转变为国家干部的故事。索国光先生的故事反映了一个土司家族在新的历史时期顺应时代潮流，反映了新旧制度的交替过程，反映了一个旧时代的终结和一个新时代的开始。

本书按照时间顺序讲述索国光先生的故事，同时根据内容穿插汉文文献、民国年间庄学本和民族学家马长寿等有关瓦寺土司的记载、西方人百年游记中关于瓦寺土司的记载，以及百年前西方人拍摄的有关瓦寺土司官寨、第二十二世瓦寺土司索代兴、第二十三世瓦寺土司索代赓和瓦寺百姓的生活、宗教文化等方面的老照片，这些百年老照片分别存于英国皇家地理学会〔© Royal Geographical Sciety (with IBG)〕、美国哈佛大学图书馆〔© President and Fellows of Harvard College. Arnold Arboretum Archives〕、美国杜克大学图书馆〔© Sidney D. Gamble Photographs, Duke University David M. Rubenstein Rare Book & Manuscript Library〕，感谢以上机构、图书馆为我们使用这些照片提供的帮助。本书中部分照片由索国光先生提供。

图片集

劳作（西德尼·戴维·甘博摄于1917年，原照存于美国杜克大学）

有转经筒的阳台（西德尼·戴维·甘博摄于1917年，原照存于美国杜克大学）

入口（西德尼·戴维·甘博摄于1917年，原照存于美国杜克大学）

手执酒罐的男人（西
德尼·戴维·甘博摄
于1917年，原照存于
美国杜克大学）

白水寨附近的飞沙（西德尼·戴维·甘博摄于1917年，原照存于美国杜克大学）

桃关索桥（西德尼·戴维·甘博摄于1917年，原照存于美国杜克大学）

白水寨街头的行人（西德
尼·戴维·甘博摄于1917年，
原照存于美国杜克大学）

白水寨一侧的溪流（西德尼·戴维·甘博摄于1917年，原照存于美国杜克大学）

114

塔（西德尼·戴维·甘博摄于1917年，原照存于美国杜克大学）

桥（西德尼·戴维·甘博摄于1917年，原照存于美国杜克大学）

白水寨（西德尼·戴维·甘博摄于1917年，原照存于美国杜克大学）

戚州老庙（白水寨）（西德尼·戴维·甘博摄于1917年，原照存于美国杜克大学）

瓦寺土司官寨及碉楼（欧内斯特·亨利·威尔逊，1910年摄于涂禹山，原照存于美国哈佛大学）

涂禹山（红音、阿根，2017年摄）

索国光先生老年照

左起：红音、索国光、阿根，摄于2009年2月

阿根（左）、张国华（中）、红音（右），2017年7月在涂禹山上采访张国华老人

绵虒街头（2017年）

涂禹山下（2017年）

前往涂禹山的道路（2017年）

涂禹山上的民居（2017年）

涂禹山老庙子遗址（2017年）

远眺涂禹山（2017年）

涂禹山新庙子遗址（2017年）

涂禹山墙体（2017年）

涂禹山上的群众（2017年）

涂禹山上的街巷（2017年）

光绪六年王保后裔赠送三江口张家的牌匾
（刘志全2019年摄于三江镇柒山村）

三江瓦寺土司家庙（2019年）

瓦寺土司三江官寨旧址（2019年）